시험

EBS 교육대기획

시험

EBS 〈시험〉 제작팀 지음
EBS MEDIA 기획

북하우스

'시험'을 의심하다

　동의하든, 그렇지 않든 현재 한국 교육의 핵심은 '시험'이다. 대한민국 사회는 세계의 그 어느 곳보다 '시험'에 대한 맹신이 지배적이다. 유치원 입학부터 초등학교, 중학교, 고등학교, 대학교는 물론 회사에 입사할 때까지 우리는 수없이 많은 시험을 본다. 그 시험에서 좋은 성적을 받은 사람은 낮은 점수를 받은 사람보다 무언가를 '더 많이 누릴 수 있는' 권리를 갖게 된다. 시험은 우리의 삶을 평가하는 정당한 차별을 제공하는 셈이다. 우리는 그 시험을 준비하는 것이 곧 '교육'이며 가장 공평하고 합리적인 일이라고 믿어왔다. 그런데 우리는 한 번이라도 그 시험을 제대로 의심해본 적 있을까?

　수많은 교육 프로그램이 '어떻게 하면 공부를 잘할까(높은 점수를 받을까)'에 초점을 맞추어 제작되었다. 하지만 한국의 교육 상황을 생각해보면서 교육 프로그램의 역할에 대한 근본적인 고민을 하게 되었다. 학생들이 과열된 학업 경쟁, 그것도 실제 경쟁력보다는 '경쟁을 위한 경쟁'에 매몰된 현재 상태에서 아무리 '공부 잘하는 법'을 강조해봐야 의미 없는 결론만이 나오기 때문이다.

EBS 교육대기획 〈시험〉의 시작점은 바로 이 지점이었다. '공부 잘하는 법'에 대해 이야기하기보다는 '공부를 잘한다는 것을 도대체 무슨 기준으로 판단하는 것일까'의 이야기를 하고 싶었다. 그러기 위해서 현재 우리가 공부해야 하는 이유, 그 종착역에 위치한 시험을 이야기할 수밖에 없었다.

시험은 그 형태에 맞추어 한 국가의 문화, 정신, 국민들의 삶의 태도를 형성시킨다. 시험이란 그 사회가 추구하는 가치와 철학을 반영하는 압축적인 도구인 것이다. 그리고 이 '시험 이데올로기' 안에서 아이들은 길러진다. 그래서 우리는 '우리를 지배하는 시험이 어떻게 생겨났는지', '그것이 얼마나 공정하고 타당한지', '궁극적으로는 시험이 무엇을 위해 존재하는지' 생각해볼 필요가 있었다.

이러한 고민을 안고 만들어진 EBS 교육대기획 〈시험〉은 총 6편으로 이루어졌다. '1부 시험은 어떻게 우리를 지배하는가'에서는 전혀 다른 네 나라, 인도, 중국, 프랑스, 독일의 시험을 살펴보면서 시험 제도는 절대적인 것이 아니라 시대와 사회·문화에 따라 얼마든지 달라질 수 있음을 전하고자 했다. 시험 시스템 안에서 길러지는 각국의 아이들의 모습을 보면서 대한민국의 시험이 나아가야 할 방향에 대해 고민해볼 수 있었다. '2부 시험은 기술이다'에서는 우리가 맹신하는 시험이 일종의 '기술'일 뿐임을 알리는 계기를 마련하였다. 시험 고수들과 세계적인 석학들은 시험의 근본적인 한계로 시험 자체의 '불완전성'을 꼽는다. 이를 통해 한국 사회의 극단적으로 팽창된 사교육 시장이, 객관식 일색인 시험 형태와 밀접한 연관이 있음을 밝히고 시험의 진화를 모색하고자 했다. '3부 나는 대한민국 고3입니다'에서는 대한민국의 대표 시험인 '수능'을 치르는 고3 학생들을 1년 동안 깊숙이 취재하여 그들의 삶과 가족, 학교가 어떻게 시험에 의해 지배받는지 생각해볼 기회를 제공하였다. '4부 서울대 A⁺의 조건'에서는 시험이 지닌 근본적인 맹점을 다루었다. 무비판적이고 수동적인 태도를 유지하며 정해진 지식을 암기하는 것에 능한 아이들만이 '공부 잘하는 아이'로 여겨지고, 비판적이거나 창의적인 태도를 지난 아이들은 낮은 평가를 받을 수밖에 없는 우리의 교육 시스템을 드러냄으로써 '우리 교육이 어떤 형태의 학생을 길러내고 있나'에 대한 문제 제기를 하고 싶었다. '5부 누가 일등인가'에서는 누구나 한 번쯤 가졌음직한 궁금증을 실험 프로젝트를 통해 풀어보는 과정을 담았다. '건강한 사회와 행복한 개인'이라는 모토 아래 OECD에서 개발한 역량평가 모델인 '데세코DESECO 프로젝트'를 다양한 개성의 학생들에게 적용해보고 이를 통해 우리 사회에 필요한 진정한 평가란 어떤 모습이어야 할지 고민해볼 수 있는 기회를 마련하고자 했다. '6부 공무원의 탄생 : 300일간의 기록'에서는 국가의 인재를 선발하는 국가고시의 출제 과정과 시험 준비 과정을 있는 그대로 보여줌으로써 선발에 치중되어 있는 우리 시험의 본질적인 속성을 보여주는 데 초점을 맞추었다.

지난 제작 기간 동안 우리는 노벨상 수상자를 비롯한 수많은 국내외 석학들의 인터뷰, 현장 사례조사, 실험 및 데이터 연구로 시험의 본질적인 속성을 드러내려고 했다. 제작을 진행하면 할수록 교육 문제엔 만병통치약과 같은 '구체적인 해법'이 없다는 것을 깨달았다. 모든 사회마다 사회·문화적 형태와 경제적 환경, 구성원들의 가치관에 이르기까지 교육의 목적지가 다르기 때문이다. 그렇기 때문에 가장 중요한 것은 '무엇을 위한 교육을 해야 하는가'에 대한 국민적인 공감대를 형성하는 것이다. 우리는 '교육 철학'이라고 말하는 이 영역에 대한 치열한 고민을 놓치고 있지는 않았을까? 결국 이 프로그램의 모든 의도는 시험과 교육에 대한 담론의 장을 열어 대한민국 교육의 방향을 고민하는 밑거름이 되고자 하는 데에 있다.

국가와 사회, 그리고 개인의 행복한 삶을 위해 가장 중요한 덕목이 교육이다. 그 뿌리에는 '학생들을 어떻게 평가할 것인가'라는 교육 철학이 깔려 있어야 한다. 소수의 교육 관계자뿐만 아니라 대한민국 국민 모두가 그 교육 철학에 대한 공감대가 형성되어 있을 때 비로소 진짜 우리에게 필요한 '시험'이 생겨날 것이다. 이제 고민의 과정을 방송에 이어 책에서도 이어나가고자 한다. 교육에 대한 회의감이 팽배한 시대, 이러한 위기 속에서도 지혜롭게 우리의 삶을 지킬 수 있는 희망과 통찰을 얻을 수 있기를 바란다.

─EBS 교육대기획 〈시험〉 제작진 일동

차례

Part 1

시험은 어떻게 우리를 지배하는가

시험은 권력이다

죽느냐 사느냐
누군가에게 시험은 생과 사의 문제이다

BSEB matric
인도 비하르 주의 고교졸업 검정시험

불가촉천민, 달리트
인도 카스트 제도의 최하위 계급이다
사람들이 손을 대는 것조차 꺼리기 때문에 생겨난 이름,
가까이 하면 오염된다는 공포,
이른바 신도 버린 사람들

하지만 계급보다 중요해진 시험 점수
불가촉천민의 비율이 가장 높은 지역인 비하르 주에서
부정행위는 비하르 주의 문화가 되었다

커닝페이퍼를 전달하기 위해서
벽을 타고 올라가는 친척, 친구, 가족들
모두가 열망하는 좋은 시험 점수를 얻기 위해서
그들은 악착같이 벽을 타고 올라간다
시험은 한정된 기회를 잡을 수 있는
신분상승의 계단이다

그들의 유일한 희망, 삶의 탈출구
그들은 시험으로 날아오르기를 꿈꾼다

카스트 계급보다 중요한 시험 점수

시험은 신분상승의 도구가 될 수 있다. 그 처절한 증거가 여기에 있다. 2015년, 인도 비하르 주의 고교졸업 검정시험장의 풍경을 담은 한 장의 사진이 한국에서 화제가 되었다. 시험을 치르는 학생들의 학부모와 주변인들이 시험장 건물 벽을 타고 창문으로 학생에게 커닝페이퍼를 전달하는 사진이었다. 이뿐만이 아니다. 최근 비하르 주의 경찰 시험에서는 천 명의 대리 시험자가 체포되었다. 비하르 주에서 커닝과 대리 시험 등의 부정행위는 이처럼 빈번하게 이루어지고 있다.

비하르는 인도에서 가장 가난하면서 인구가 많은 주다. 남한보다 작은 면적에 1억 명 이상의 인구가 살고 있다. 2000년대 후반부터 산업 구조가 변해가고 빠르게 성장하고 있는 중이지만, 여전히 비하르 주의 중심 산업은 농업이며 다수의 주민들이 농업 분야에 종사한다. 최근 몇 년간 5~10퍼센트대의 빠른 성장세를 보이고 있지만 여전히 1인당 GDP가 인도에서 가장 낮은 주로, 북한 GDP의 3분의 1정도밖에 되지 않는 수준이다. 또한 비하르 주에는 인도의 전통적인 신분 제도인 카스트에서 가장 낮은 계급에 속하는 불가촉천민 인구가 많다. 인구가 많고 가난하며 빠르게 성장하는 다른 곳처럼, 생존을 위한 경쟁이 치열하다. 이런 상황에서 경쟁력을 판별하는 시험은 하나의 권력이 된다. 그 결과 시험의 권력은 3000년에 걸쳐 존재한 전통적인 권력 체계인 카스트 제도를 밀어내고 있다.

목숨을 걸고 커닝을 시도하는 비하르 주의 사람들.

"저는 달리트 계급 출신이죠. 불가촉천민입니다. 3천 년의 역사를
지닌 카스트 제도의 최하위 계급에서 최고의 자리에 올랐습니다.
저처럼 성공하기 위해 수백만 명의 학생들이 시험을 봅니다. 카스
트 제도의 하위 계급 출신으로 제대로 된 삶을 살기 위해 노력하
는 이들이죠. 성공할 기회를 잡기 위해서 사람들은 무슨 짓이든
합니다. 시험 점수가 계급보다 중요합니다."
―나렌드라 자다브(전 인도 중앙은행 수석 경제보좌관, 전 푸네대학교 총장)

『신도 버린 사람들』의 저자, 나렌드라 자다브는 불가촉천민 출신으
로 계급을 뛰어넘어 인도의 최고 자리에 오른, 그들의 살아 있는 영웅
이다. 세습적이고 차별적인 신분 제도인 카스트는 비하르 주뿐 아니

라 인도 전역에서 서서히 자취를 감추어가고 있다. 카스트 제도의 철폐는 인도 사회의 발전이며, 새로운 진리로 볼 수 있다. 역사적으로 교육의 기회를 박탈당했던 이들은 그들을 위한 최선의 기회이자, 모든 빈곤과 가난을 해결하는 유일한 만병통치약으로 교육을 지향한다. 교육만이 그들의 삶과 자녀의 삶을 다르게 만들 수 있는 기회라 믿기 때문이다.

생득적인 신분에 따라 권력이 분배되는 대신, 시험을 통해 권력이 분배되는 것은 합리적인 일이다. 하지만 여기에는 한 가지 전제가 있다. 시험은 공평하게 진행되어야 한다는 것이다. 만약 시험 제도에 여러 불합리한 문제가 존재한다면, 이것은 세상을 밝히는 새로운 진리가 되기 힘들 것이다. 불행하게도 시험은 공정하게 치러지지 않는다. 이는 비단 비하르 주만의 문제가 아니다. 비하르 주를 비롯하여 인도의 다른 모든 지역에서 부정행위가 발생하는 까닭은 기본적으로 시험이 매우 중요해졌기 때문이다. 폭발적인 인구의 증가에 비해 기회는 턱없이 적다. 최근 평균 7퍼센트가 넘는 고성장을 이어가고 있는 인도 전체에서도 일자리의 공급은 적다. 매년 100만 명 이상의 인력이 고용시장으로 쏟아져 나온다. 취직 기회는 한정되어 있고 신분을 보장받는 의대나 명문대에 들어갈 기회 역시 매우 적다는 것을 모두 알고 있다. 그렇기 때문에 시험에 모든 최선을 다하며 더 좋은 점수를 받기 위해서 수단과 방법을 가리지 않는다. 시험과 관련된 부정행위는 인도 전역에서 만연하고 있다.

시험은 죽느냐 사느냐의 문제다

"인도 인구의 27퍼센트에게 교육이란 죽느냐 사느냐의 문제입니다. 제 아버지는 학교에 다닌 적이 없어요. 매우 영민한 분이셨지만, 교육 받을 기회를 가져본 적이 없었죠. 저는 그 기회를 가졌고, 그 안에서 최선의 결과를 만들어냈습니다. 그리고 저와 같은 수많은 숫자의 달리트들은 지금 그 기회를 얻기 위해 목숨을 걸었습니다. 하지만 교육의 기회는 균등하지 않습니다. 시험을 칠 실력도 없고 학원을 다닐 형편도 안 된다는 점에서 여전히 불평등합니다."
—나렌드라 자다브

시험에서 좋은 점수를 받는 것이 '새로운 카스트'를 획득할 수 있는 유일한 길이 된 상황에서, 경쟁은 과열되고 부정행위는 넘쳐난다. 부정행위만이 인도 교육의 유일한 문제는 아니다. 과열된 경쟁에서 살아남기 위하여 오직 시험에 특화된 학원이 등장하고, 교육의 목표가 '교육적 목적'이 아닌 '선별적 목적'에 집중된다. 그리고 과열된 경쟁은 불평등의 세습을 강화시킨다. 돈이 있는 사람들은 학원에 다니고, 뇌물을 주는 부정행위를 통해 더 높은 점수를 받고 좋은 기회를 얻게 된다. 하지만 돈이 없는 사람들은 교육의 기회마저 제한된다. 이것이 현재 인도가 처한 시험과 교육의 문제점이다. 그리고 이런 현실은 비단 인도만의 문제가 아니라는 것이 우리에게는 뼈아프다.

시험은 서열이다

"일생에 단 한 번,
18년 인생에서 가장 중요한 순간,
심장이 터질 것 같아요."

1년에 주어진 단 한 번의 기회
가오카오는 중국의 사회 흐름마저 뒤바꾸는
인생의 가장 중요한 관문이다

중국뿐 아니라 전 세계마저 긴장하게 만드는 가오카오
그들의 운명을 결정짓는 시험
중국의 학생들은 오로지 그 길을 위해
절박하게 달린다

운명을 건 한 판 승부 : 가오카오

　시험장 주변으로 라디오 주파수 감지 기능을 갖춘 드론이 날아다닌다. 응시생은 신분증을 보여주어 본인 확인을 하고, 지문 검색과 얼굴 촬영을 마친 후에 시험장에 입실한다. 시험 감독관은 검색봉으로 수험생의 몸을 수색한다. 건물 내의 CCTV가 전부 가동되어 실시간으로 내부의 상황을 파악한다. 응시생은 오직 신분증과 수험증만 가지고 고사장에 들어갈 수 있다. 필기도구 지참은 불가능하다. 시계도 가져갈 수 없다. 중국 대륙 전체가 이 시험에 관심을 가지며, 온 나라가 긴장에 휩싸인다. 중국뿐 아니라 전 세계가 세계 최대 규모의 단일 시험이 만들어내는 진풍경을 보도한다.

　가오카오는 '보통 고등학교 초생 전국 통일고시'의 약자로(중국에서는 대학을 고등학교라고 부른다), 대학생 선발을 위해 실시되는 전국적인 시험이다. 매년 6월, 1000만여 명이 동시에 응시하는 세계 최대 규모를 가진 시험이기도 하다. 이 시험은 이틀에 걸쳐 진행되며, 첫날은 어문과 수학 시험을 보고 둘째 날은 문·이과종합(한국 수능의 사회탐구·과학탐구 영역처럼 선택이다)과 외국어 시험을 치른다. 어문 150점, 수학 150점, 외국어 150점, 종합 300점의 750점 만점으로 구성되어 있으며 높은 난이도와 서술형 문제 때문에 현재까지 만점자는 없다.

　중국의 수험생 대비 대학 정원 수는 한국과 크게 다르지 않다. 중국의 대학 입학 정원은 약 700만 명 정도이며, 한국의 4년제 대학에 해당하는 본과本科가 반 정도, 전문대학에 해당하는 가오즈高職가 반 정

세계 최대 규모의 시험인 가오카오에 온 중국인들은 운명을 건다.

도를 이룬다. 이렇게 보면 한국의 대학입시인 수능과 얼핏 비슷한 느낌을 준다. 하지만 가오카오가 주는 압박감은 그보다 훨씬 강하다.

먼저 수능 점수 외에 면접이나 내신, 논술 등의 다양한 체계로 학생을 선발하는 한국 대학과 달리, 중국 대학의 일반 전형은 오직 가오카오 점수만으로 학생을 선발한다. 또한 가오카오에는 다양한 형태의 주관식과 논술 시험 문제가 존재한다. 그리고 논술의 경우 전국 공통 주제 시험과 함께, 지역별로 다른 주제가 제시된다. 한국으로 치면, 이틀 동안 수능과 논술을 같이 보는 것이다. 시험의 수준도 높은 편이다.

가오카오의 역사는 1952년부터 시작되었다. 중화인민공화국이 세워

가오카오를 앞두고 학생들의 열기가 전쟁터를 방불케 한다.

지고 국가 차원에서 사회 경제 건설을 위한 고급 인재 선발을 위해 만들어졌다. 이후 잠시 중단되었다가 문화대혁명 이후 1978년 부활하여 지금까지 40여 년 동안 중국의 매우 중요한 입시 제도로 자리매김했다. 중국은 가오카오를 통해 평등한 교육을 실현하기 위해 공정한 기회를 주고자 했다. 사회적 계층의 상승이나 변화를 실현하고자 하는 학생이라면 학생의 가정 환경이나 다른 조건과 관계없이 노력으로만 좋은 성적을 얻도록 한 것이다. 중국에서는 가오카오를 통해 개인의 인생과 가문의 역사를 바꿀 수 있다고 믿는다. 한 번의 시험으로 인생을 바꿀 수 있다는 믿음은 그만큼 엄청난 압박감으로 작용한다.

절박한 전쟁터

'명문대 입학'이라는 적은 자원을 둘러싼 1000만 명의 경쟁은 치열할 수밖에 없다. 게다가 단 한 번의 시험을 통해 합격 여부가 결정된다면 그 치열함은 말할 것도 없다. 시험을 준비하는 과정도 마찬가지다. 개인이 단순히 열심히 공부하는 것을 넘어, 온 집안이 학생의 입시 준비를 돕는다. 링거를 맞아가며 가오카오 준비를 하는 것은 특이한 일이 아니다. 가오카오 준비를 위한 특별 기숙사, 식단, 심리 클리닉 등의 다양한 가오카오 산업이 활성화되고 있다.

가오카오를 위해 편법이나 불법을 자행하는 경우도 있다. 지역 할당제에서 유리한 고지를 차지하기 위해 편법적으로 대도시의 시민권을 취득하려고 혈안이 된 사람들이 있다. 중국의 경우, 여전히 대도시에 할당된 입학 정원이 큰 부분을 차지하기 때문이다. 또한 각종 스마트 기기를 활용한 부정행위가 일어나며, 대리 시험이 기승을 부리기도 한다. 2014년 허난성에서만 총 127명의 대리 시험 응시자가 적발됐을 정도로 대리 시험은 전국에서 조직적으로 이뤄지고 있다. 대리 시험 응시자를 일컬어 '창서우槍手'라는 말도 생겨났을 정도다. 베이징에 있는 최고 수준의 이공계 대학에 합격했을 때 대리 시험 부정수입은 최소 수백만 위안이라는 소문이 떠돌기도 한다. 부정입학 대가가 100만 위안이라면 약 1억 8천만 원의 입학성공 보수가 주어지는 셈이다.

또한 중국에서는 가오카오가 끝난 6월~9월이 이혼의 성수기이다. 이 시기 이혼율은 평소보다 약 20퍼센트 증가한다. 한국의 부모들이 자녀의 결혼이나 취업 이후로 이혼 시점을 늦추는 것에 비해, 중국의 경우에는 대입 시험이 끝나자마자 갈라서는 경우가 많다는 분석이 나온다. 그리고 중국의 학자들은 이러한 '가오카오 이혼'이 앞으로 더 증가할 것이라고 전망한다. 그만큼 중국에서는 가오카오가 인생에서 가장 중요한 순간으로 여겨진다.

우산이 없는 토끼는 목숨을 걸고 뛰어야 한다

'우산이 없는 토끼는 목숨을 걸고 뛰어야 한다'는 말은 경제적인 지원이나 뒷받침 없이 오로지 능력만으로 성공해야 하기 때문에 오로지 자기 자신을 믿어야 한다는 의미로 학생들의 뇌리에 박힌 구절이다. 중국의 학생들은 유치원에서부터 대학 입학 전까지 12년의 학창시절 내내, 가오카오를 통해 좋은 대학에 들어가기만을 바라며 쉼 없이 달린다.

"시험 합격은 우리의 소원이다.
필사적으로 가오카오에 임해 눈부신 성과를 이루자!
나는 할 수 있다! 잘 해낼 수 있다!"

가오카오를 앞두고 학생들의 표정에는 비장미까지 감돈다. 실제 취재 기간 내내 학생들의 모습은 흐트러짐 없이, 끊임없는 자기와의 싸

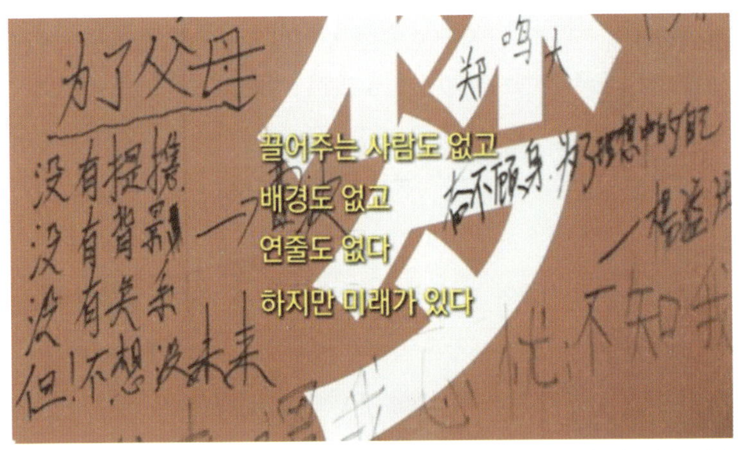

그들의 좌우명. 우산이 없는 토끼는 목숨을 걸고 뛰어야 한다.

움을 하는 듯했다. 많은 중국인들이 이렇듯 가오카오에 집중한다. 가오카오의 주요한 목표는 응시생들의 교육 수준을 서열화해 우수한 인재를 선발하는 것이다. 그리고 이를 통해 교육 과정을 정비하고 자원을 분배한다. 하지만 이에 기인한 지나치게 과도한 경쟁은 시험과 학문, 나아가 사회 전체에 악영향을 미칠 수 있다.

가오카오의 고민과 미래

중국의 뜨거운 교육열은 세계인들이 혀를 내두를 정도다. 한 번의 시험에 인생의 모든 것을 거는 중국의 수험생들. 이런 현상이 갈수록 심각해지고 있는 것은 날로 치열해지는 입시 경쟁과 심각한 취업난 때문이다. 중국에서는 2000년대 중반부터 대졸자 취업난이 극심해지고 있다. 명문대는 좋은 직장을 보장해주기 때문에 명문대 입학과 취업을 위한 경쟁은 전쟁터를 방불케 한다. 심화되는 교육 열풍은 사회 모순을 더 심화시키고 있고 사회 불평등을 야기하고 있다. 대학 서열에 근거한 사회 진출의 제한과 사회 양극화, 교육을 통한 부의 세습, 입시에 모든 것을 거는 현상은 가오카오의 앞날을 고민하게 한다.

중국의 시험 제도는 오래전 한나라 때부터 전해내려와 일종의 문화로 자리 잡았다. 중국 정부는 '교육 공평은 사회 공평의 마지노선'이라 부르짖으며 교육 평등의 이념을 유지하고자 한다. 시험의 압박감, 과열된 경쟁 양상만큼이나 선진화된 인재의 선발 역시도 중국의 고민이다.

"미래사회에 필요한 것은 다양한 인재양성입니다. 인간의 기본적인 천성이 그 이후의 발전을 결정한다고 생각해요. 미래 사회발전을 위해서도 다양하게 쓰일 수 있죠. 이러한 제한적인 상황일수록 중국은 독립적인 사고능력, 창의력을 가진 사람이 필요해요. 이런 상황에서 시야를 넓혀야 해요. 오랜 인류 진화 과정을 통해 교육을 돌아보고, 어떻게 해야 할 것인가 고민할 때입니다."

―추차오후이(중국 중앙교육과학연구소 선임연구원, 교육 개혁가)

'교육 공평은 사회 공평의 마지노선이다.'
시험의 압박감, 과열된 경쟁, 선진화된 인재의 선발은 현재 중국이 안고 있는 고민이다.

시험은 성장이다

시험은 평가의 목적이 아닌,
성장의 기회로 삼아야 한다

철학은 항상 바칼로레아에서 가장 먼저 치르는 과목이고,
'시험의 여왕'이라고 부른다
철학은 현실과 맞닿아 있는 가장 중요한 문제라고 보기 때문이다

바칼로레아에는 객관식 시험이 없다
모든 것이 흑백으로 나뉘지 않는다는 것
수학과 과학을 제외하고는 시험의 패턴도 없다

프랑스는 바칼로레아 시험 기간에
모든 관심을 집중한다

"바칼로레아의 핵심은 '성장'입니다.
학생들은 바칼로레아를 통해
스스로를 들여다보게 되는 겁니다."

성장으로서의 시험 : 바칼로레아

"안녕, 바칼로레아! 오늘 아침 철학 시험인 바칼로레아가 시작되었는데 총 684,734명의 수험생이 다음 주 수요일까지 6일간 시험을 보게 됩니다. '나는 내 과거로부터 만들어지는가?'에 대해 답하기 위해 4시간이 주어집니다. 약 685,000명이 이 철학 문제와 함께 바칼로레아를 시작하죠."

바칼로레아 시험이 시작되는 날, 힘찬 라디오 멘트가 프랑스인들의 귀를 집중시킨다. 특히 바칼로레아의 철학 문제는 프랑스 미디어의 헤드라인을 장식하고 일반 시민들조차 이 주제를 가지고 토론에 참여할 정도로 국민적 관심이 높다.

교육에 관심이 있는 대한민국 국민이라면 모두 '바칼로레아'라는 프랑스의 입시 시험에 대해 한 번쯤 들어보았을 것이다. 프랑스의 교육 제도는 대한민국의 교육 제도를 비판할 때 자주 등장하는 단골 소재이다. 교육 제도 전반과 교육 철학, 교육론을 다룰 때도 자주 인용되지만, 입시와 시험 문제를 다룰 때 더 자주 인용된다.

프랑스는 18세기 후반 일어난 시민 혁명 이후, 국가 주도로 교육 체제를 정비했다. '시민 평등'이 교육 시스템을 통해 실현된다는 생각으로 기존의 귀족 중심의 교육에서 '다수에게 평등하게' 라는 공공성의 가치에 초점을 맞추어 교육 체제를 갖추었다. 그 교육 방향의 일환으로 만들어진 바칼로레아는 1808년 나폴레옹 시대부터 시작되어 200년

프랑스는 18세기 후반 일어난 시민 혁명 이후, '다수에게 평등하게' 라는 공공성의 가치에 초점을 맞추어 교육 체제를 갖추었다.

이 넘게 유지되고 있는 논술형 대입자격 시험이다. 이는 프랑스에서 대학진학을 위한 관문이며, 대학선발기능 외에 합격자에 대해 국가가 고등 교육을 보장해주는 시험이다. 바칼로레아에 합격하게 되면 원하는 지역의 대학에 지원할 수 있다. 유럽과 프랑스 전역을 뒤흔들어놓은 문화 혁명인 '68혁명' 이후, 프랑스의 일반 대학들이 모두 평준화되었기 때문이다. 대학들은 고유 명칭을 폐기하고 중립적인 지역명과 숫자로 불리게 되었다. 프랑스 최고의 명문대 중 하나인 파리 소르본대학은 평준화 이후 '파리 제4대학'이 되었다.

프랑스에서는 해마다 60만 명이 넘는 응시생이 바칼로레아에 응시한다. 기본적으로 바칼로레아는 '대입자격 시험'이기에, 고등학교를 졸업한 모든 학생이 응시하지는 않는다. 대학 진학을 목표로 하는 인문계 고등학생들만이 졸업 후 바칼로레아 응시 자격을 얻게 된다.

바칼로레아는 20점 만점으로 이루어져 있으며, 10점을 넘어야 합격이다. 크게 일반 바칼로레아와 기술 바칼로레아로 나뉘어지며, 세부적으로 27개 유형으로 나뉜다. 시험은 대체로 6월에 이루어진다. 운영비용으로만 5천만~1억 유로를 소모하며, 채점 과정과 수업비 등을 포함하면 총 15억 유로(1조 8600억 원)의 상당한 비용이 드는 시험이다. 하지만 바칼로레아가 유명한 것은 응시생의 숫자와 규모 때문이 아니다. 바로 바칼로레아가 추구하는 시험의 방향 때문이다.

"모든 사람들이 바칼로레아에 관심을 갖고 있습니다. 모두가 바칼로레아에 어떤 철학 주제가 나왔는지 알고 싶어 합니다. '맞기도 하지만 아니기도 한데'라는 생각 즉, 모든 것이 흑백으로 나뉘지 않는다는 것의 재미를 철학을 통해 배울 수 있습니다. 프랑스 시험은 객관식이 없습니다. 수학, 과학 같은 과목 빼고는 유형이나 패턴이 있는 시험도 없죠. 수험생이 작성한 답안의 적절성과 논리성을 봅니다. 그러기 위해선 철학적 지식뿐 아니라 예술, 문학 등 다양한 분야의 소양이 필요하죠. 영화적 소양도 중요합니다. 철학이 관념적인 것이라고만 생각해서는 안 됩니다. 철학은 현실과 관련된 것입니다."

— 폴 마티아스(바칼로레아 철학 문제 출제 책임자)

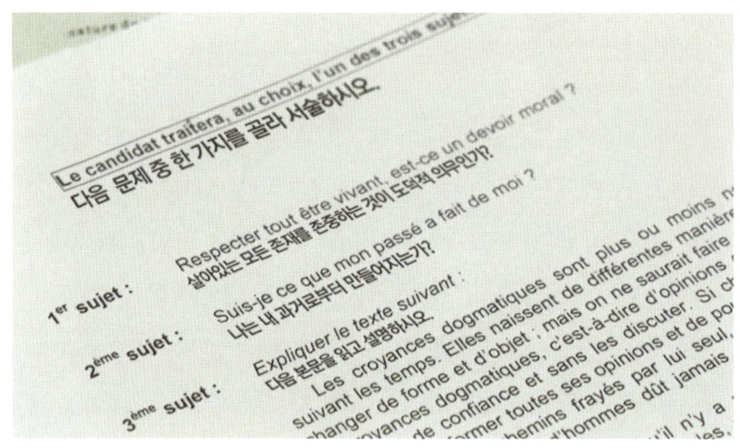

바칼로레아의 철학 문제는 학생들의 성장에 초점을 맞춘다.

성장을 묻는 질문들

바칼로레아는 해마다 쉽지 않은 철학 논술 문제를 제시하기로 유명하다. '예술가는 일하는가?', '인식은 인간을 자유롭게 하는가?', '교양 있는 사람이 다른 사람보다 우월할 수 있는가?', '우리는 스스로 통치할 수 있는가?', '정치는 모두의 일인가?', '말은 행위인가?' 이 질문들은 유명한 바칼로레아의 문제들이다. 2015년에는 '나는 내 과거로부터 만들어지는가?'라는 문제가 제시되었고, 응시생들은 네 시간 동안 이 문제에 대한 답안을 작성했다.

이런 철학 질문은 수험생뿐만 아니라 프랑스 국민 모두에게 던지는 질문이기도 하다. 바칼로레아 시험 당일, 프랑스 사람들은 카페나 거리에 모여 질문에 대한 토론으로 축제와 같은 날을 보낸다.

　바칼로레아는 선발을 위한 시험이 아니다. 매우 많은 비용이 소요되는 바칼로레아의 존속에 대해 대국민 설문이 진행되었는데 프랑스 국민 대다수가 바칼로레아가 유지되어야 한다고 답했다. 프랑스인들은 바칼로레아를 가장 중요한 학위이자 지속적인 학업을 하기 위한 중요한 상징이라고 인식하고 있다. 청소년기의 세계를 벗어나 고등 교육을 준비하는 어른으로서의 통과 의례로 보는 것이다. 바칼로레아의 핵심은 '성장'이다. 응시생들은 철학적인 문제를 받아들고, 교육 과정을 이수하면서 자신이 그동안 무의식적으로 믿고 말하고 생각하던 것들과 마주할 기회를 갖는다. 교육 과정을 마무리하며 자신의 성장 정도를 스스로 파악하고 시험을 통해 자신을 한 발 더 성장시키는 것이 바칼로레아의 핵심이다.

> "철학 교육과 바칼로레아 철학 시험은 지식과 문화의 지평이자 시민 교육의 지평입니다. 둘은 아주 긴밀하게 연결되어 있습니다. 철학 교육의 이상은 고대 문명까지 거슬러 올라가는 서양의 전통을 배우고 아는 것입니다. 이러한 것들이 전부 합쳐지고 종합적으로 모이는 것은 매우 중요합니다. 이것은 젊은 층을 창조적으로 만듭니다."
>
> —폴 마티아스

프랑스는 성장을 위한 비용을 아까워하지 않는다. 바칼로레아를 통해 키워진 비판적인 사고는 문화 시민을 형성하는 데 기여하고 학생들이 생각의 자유를 배울 수 있다고 믿기 때문이다.

바칼로레아는 완벽한 시험일까

삶과 철학의 주제를 물어보는 철학적 시험은 학생의 선별만을 위해 치러지는 시험이 아닌 학생의 성장을 위한 시험이며, 단순한 암기력 테스트가 아닌 자신이 아는 것을 논리적으로 풀어낼 것을 요구하는 시험이다. 이러한 바칼로레아가 곧바로 대한민국 교육에 이식되어, 새로운 대안이 될 수 있을까?

먼저, 한국과 달리 프랑스는 대학의 서열화가 존재하지 않는다. 모든 대학은 평준화되어 있으며 명문대가 존재하지 않는다. 그렇기에 시험이 수행하는 선별 기능을 축소하고 다른 기능에 집중할 수 있는 것이다. 프랑스에도 사회 엘리트를 양성하는 '그랑제콜Grandes Ecoles'이라는 특수 고등 교육기관이 존재하지만 프랑스의 그랑제콜은 한국의 명문대와 다르다. 그랑제콜은 사관학교나 카이스트 같은, 국가 엘리트 양성을 위한 특별한 교육 과정을 지닌 특수 교육기관이다.

또한 개인의 삶에서 대학 졸업장이 차지하는 위상도 다르다. 중·고등학교 과정의 확실한 직업 및 진로 교육, 국가적 복지 제도에 힘입어, 프랑스에서는 굳이 대학을 가지 않아도 일반적인 삶을 살아갈 수 있다. 고등학교 졸업생의 80퍼센트가 대학에 진학하고 대학 교육을 받아도 이후 무한 경쟁에 시달려야 하는 대한민국과 달리, 고등학교 졸업생의 40퍼센트만 대학에 진학하고 대학에 진학하지 않아도 정상적인 삶을 살아갈 수 있는 프랑스에서 개인의 인생에서 대입 시험이 차지하는 사회적 위상은 매우 다르다.

교육 제도가 다르고, 교육의 사회적 의미가 다른 상황에서 외국의 훌륭한 입시 제도만을 수입해 온다고 교육 문제를 해결할 수는 없다. 장기적으로 대학의 서열화가 사라지고, 대학 졸업장의 중요성이 완화된 사회 시스템이 갖추어진 뒤에야 제도를 도입할 수 있다.

그럼에도 바칼로레아는 한국 교육에 많은 시사점을 제시한다. 바칼로레아는 시험의 목적을 못하는 학생을 가려내고 탈락시키는 것이 아니라 더 많은 학생들에게 교육의 기회를 주기 위한 것이라고 말한다. 바칼로레아는 인간의 성장 가치를 중요시하는 프랑스의 정신을 말해 준다. 교육은 한 나라의 구성원이 생각하는 힘을 키우고 내면의 성장을 함께하는 과정이기도 하다.

시험은 이데올로기다

무엇을 시험해야 하는가?
인류의 생존마저 결정하는 이념의 저울
그래서 올바른 수단과 방식이 중요하다

질문의 정답은 없다
왜 그렇게 생각했는지 근거를 대는 것이 중요하다

나치 시대의 뼈아픈 교훈
국가가 일방적으로 이념을 강요하면,
돌이킬 수 없는 결과를 낳는다

질문하고 의심하라

"질문하고 의심하는 인간을 양성하는 것이
교육에서 중요하다고 강조하는 겁니다.
우리는 학교에 질문을 제기해야 합니다.
우리가 기억해야 할 것은 이것입니다."

시험은 이데올로기다 : 아비투어

"독일 교육의 목표는 민주시민을 양성하는 데 있습니다. 과거 나치
의 만행을 반면교사 삼아 민주시민으로 키우려는 것입니다. 이를
위해서 자기 생각이 명확한 국민을 양성하는 데 주력합니다."

– 홍혜정(독일 주재 통번역가)

홍혜정 박사는 "자기 생각이 부족해서 국가가 주입하는 이념을 그
대로 흡수했기 때문에 독일 국민들은 한때 나치를 지지했고, 나치만
행의 비극을 불러왔다"면서 "글쓰기를 중심으로 진행하는 독일 교육
은 자기 생각을 확실하게 갖도록 가르치는 데 목표를 둔다"고 덧붙였
다. 실제로 독일 교육은 프랑스 교육처럼 '글쓰기 교육'에 많은 역점을
둔다.

교육 과정뿐 아니라, 교육 과정을 평가하고 대학 입시 자료로 활용
되는 아비투어도 마찬가지다. 독일의 고등학교 졸업 시험이자 대입 시
험인 아비투어는 매년 4월에 진행되며, 언어문학예술, 사회과학, 자연
과학의 세 가지 영역으로 이루어져 있다. 세 영역에서 논술 4과목, 구
술 시험 1과목을 치르게 된다. 구술 시험 과정은 시험을 보기 전 대기
실에서 시험 문제를 받게 된다. 20~30분의 준비 시간 동안 자신의 생
각을 정리한 뒤에 시험장에 들어간다. 공정한 평가를 위해 두 명의 평
가자와 마주하고 구술 시험을 치른다. 시험을 보고 1년간 시험 결과
에 대해 이의를 제기할 수 있다. 정해진 답은 없다. 왜 그렇게 생각했

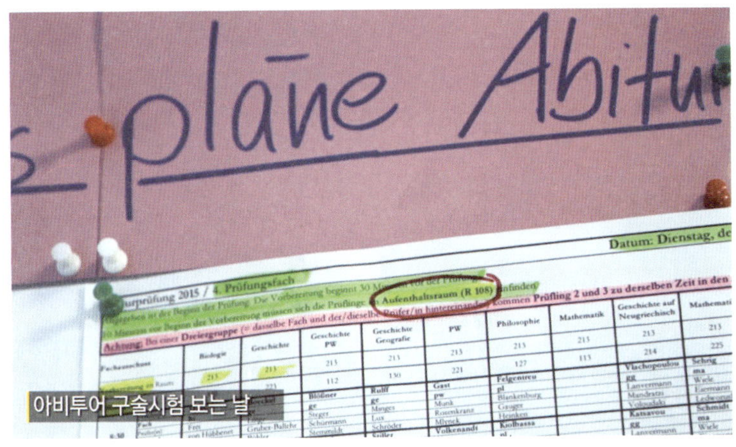

아비투어는 독일의 고등학교 졸업 시험이자 대입 시험이다.

는지 근거를 대는 것이 중요하다. 아비투어는 학생 개개인의 자유로운 의견이 발화될 수 있도록 도와주는 도구이다.

'논술 고사'와 '공부의 과정'이 시험의 중심으로 등장한다는 점에서, 독일의 아비투어는 프랑스의 바칼로레아와 자주 비교된다. 실제로 아비투어는 많은 점에서 바칼로레아와 유사하다. 고등학교 졸업자격 시험인 동시에 대입 시험이라는 것 역시 두 시험의 공통점이다. 200년 이상의 전통을 유지하고 있다는 것, 철학적인 질문을 던진다는 점에서도 유사하다.

대입정책에서 정부와 고등학교의 역할이 두드러지는 것 또한 프랑스와 독일의 공통점이다. 대학이 특수한 전형을 제시하여 우수한 학생을 선발하는 것이 아니라, 정부와 고등학교가 입학 과정을 통합적으로 관리한다.

이처럼 독일의 입시 제도는 프랑스와 많은 면에서 유사하다. 다만, 아비투어에서는 문항에 주어진 텍스트가 길고 그 텍스트들을 학생 자신의 관점에서 이해하고 분석해야 한다는 점이 바칼로레아와 다르다. 또한 교육의 목적성 차원에서도 약간의 차이가 존재한다.

> "예를 들면, 시를 어떻게 분석하고 해석했는지에 대한 나의 설명을 말하는 거라 정해진 답은 없죠. 해석할 수 있는 여러 가지 방법이 있는 것이고, 왜 그렇게 생각했는지 적절한 이유를 대는 것이 중요합니다. 독일의 시험에서 중점을 두는 것은 개인의 발전이고 이것이 개인의 행복으로 나타나며, 이는 공익과도 관련됩니다."
>
> —카를 게바우어(독일의 교육학자)

바칼로레아가 시험을 보는 학생의 '개인적 성장'에 더 가중치를 둔다면, 아비투어는 개인의 성장을 통한 '사회의 통합'에 조금 더 역점을 둔다고 할 수 있다. 이는 독일의 복잡한 근현대사와 관련이 있다.

독일의 아픈 교훈 : 질문하고 의심하라

독일은 현대 세계사를 관통하는 커다란 문제들을 겪어왔다. 1,2차 세계대전의 중심에 있었으며, 인류 역사상 가장 큰 비극이었던 '나치

즘'의 가해 국가였다. 이 과정에서 국가의 분단을 경험하기도 했으며, 다시 통일에 성공하기도 했다. '공동체성 회복' 혹은 '올바른 국가 이데올로기 확립'은 주요한 국가 프로젝트가 되었다. 물론 이러한 기획은 위험한 방향으로 흐르게 될 수도 있다. 이를테면 중앙 정부가 주도하는 '공동체성 회복 운동'은 파시즘으로 귀결된다. 나치 독일뿐 아니라 세계사의 수많은 독재 정부가 경험한 일이다. '국가 이데올로기 확립'에서 우리가 쉽게 연상할 수 있는 것은 세뇌 교육이나 사상 통제 같은 부정적인 일들이다.

독일인들에게는 나치 시대의 교훈이 내재적으로 뿌리박혀 있다. 일방적인 가치관의 주입이 얼마나 엄청난 결과를 초래하는지 그들은 역사로 증명했다. 나치 시대의 교육을 경험한 토프 씨는 이렇게 말했다.

"저는 1934년 베를린에서 태어났습니다. 당시에는 나치를 찬양하는 노래를 배우거나 히틀러의 생애 같은 것을 외워야 했죠. 학교에서 아침인사 대신 '히틀러 만세'라고 했고 나치 깃발을 게양했습니다. 시험은 당연히 나치 이념을 주입하는 수단이었어요. 우리 가족이 저지른 일이 얼마나 끔찍한 일이었는지는 나중에 알게 되었습니다. 잊지 말아야 할 것은 우리 가족이 매우 평범했다는 것입니다. 규칙적이고 정직하고 시간 약속을 잘 지키는 매우 순응적인 사람들이었습니다. 그래서 저는 질문하고 의심하는 인간을 양성하는 것이 교육에서 가장 중요하다고 생각합니다."

나치 시대는 독일인들에게 교육에 이념을 주입시키면 안 된다는 교훈을 남겼다.

질문을 잃어버리고 국가가 주입하는 이념을 의심 없이 받아들인 결과는 참혹했다. 당시 국가의 이념대로 장애인과 유색 인종은 당연히 배격하고 축출해야 할 대상으로 인식했고, 교육 과정의 핵심인 시험에서 이런 이념은 극대화되었다. 독일은 후세들은 이런 비극을 겪지 않도록 하기 위해 이데올로기 교육을 철저히 검증하는 제도를 만들었다.

주어진 자료들을 비판적으로 해석하고, 그것을 소통하는 방법을 배우는 것, 그것이 독일 정부가 목표로 하는 '올바른 이데올로기 교육'이다. 그렇기에 중앙의 연합 정부가 교육 과정이나 시험을 주도하지 않고, 주 정부 연합이 협의를 통해 결정하도록 위임했다. 교육 내용의 측면에서도 나치 독일의 과거를 미화하거나 회피하지 않고, 역사를 직시하며 이에 대해 토론하고 논쟁한다.

독일도 처음부터 과거의 역사적 잘못을 철저하게 직시하지는 않았다. 하지만 여러 대내외적인 환경의 변화와 내부적 논쟁의 결과로 이러한 '시민 교육'의 체제가 확립되었다.

하지만 아비투어와 독일 교육에도 여러 문제점이 존재한다. 2000년, 경제협력개발기구OECD는 회원국 34개국을 대상으로 국제학업성취도평가PISA를 진행했다. 그리고 독일은 '독해력', '수학 계산력', '자연과학 이해도' 세 분야에서 모두 20위권의 낮은 점수를 받았다. 독일 교육의 주요 철학 중 하나인 '평등 교육'도 제대로 이루어지지 않고 있다는 비판을 받았다. 상류 가정 출신의 어린이들은 숙련공 계층 부모를 지닌 어린이들보다 훨씬 좋은 점수를 받았고, 저소득층 및 이주민 학생들의 학업 성취도는 매우 낮았다. 초·중등 분야에서 제대로 된 학업 교육이 이루어지지 않고 있다는 비판들도 제기되었다. PISA 점수가 교육의 모든 것을 말하지는 않지만 독일은 충격에 빠졌고, 이에 대한 후속 조처로 학업 교육을 강화하기 시작했다.

하지만 '올바른 방식을 통해 시민 교육을 진행한다'는 지향점과 현재의 문제점을 인식하고 교육에 대해 끊임없이 성찰하고 개선하는 과정은 우리 교육이 가야 할 길을 고민하게 해준다.

"결론적으로 완벽한 교육은 없어요. 교육은 단순히 시험을 치는 것 이상으로 복잡합니다. 인격의 감각을 형성하고 발전시키는 것이죠. 그래서 이런 불완전성을 인식하는 것은 매우 중요하다고 생각합니다. 유토피아적인 발상에서 나온 이상을 통한 국제적인 교육이면 좋겠지만, 과학적인 관점에서 보면 많은 문제점을 발견할 겁니다. 교육을 다시 가다듬는 것이 중요합니다. 사회를 완벽하게 하는 것보다는 지속 가능한 발전을 위한 노력들이 더 중요합니다. 문제는 항상 존재할 수 있습니다. 다만 중요한 것은 더 나은 세상으로 향하는 의지이고 노력입니다."

—크리스티앙 볼프강(독일 교육 정책 입안자)

독일의 교육 목표는 스스로 생각하며 질문하고 의심하는 인간을 양성하는 것이다.

시험은 어떤 사람을
만들어내고 있을까

시험은
생존전략인가, 신분상승의 수단인가
성장의 발판인가, 이데올로기의 정립인가

모든 사회는 저마다 다른 형태의 시험을 가지고 있으며,
그 시험들은 그것이 치러지는 사회의
가치관, 교육 철학, 이념을 고스란히 담고 있다

1894년

갑오개혁, 근대 시험의 역사가 시작되다

1945년

해방 이후 다시 찾은 나라에서 교육과 시험의
대대적인 개편이 이루어지다

1951년

전쟁중 국가연합고사 실시로 입시 위주 교육 제도를 만들다

1969년

대학입학 예비고사를 시행하다 입시 과열 현상으로
중학교 입학시험제가 폐지되다

1973년

고교 입시제가 폐지되고 대학시험 입시로 관심이 모아지다

1982년

대학별 예비고사와 본고사 폐지,
대학입학 학력고사를 통해 학생을 선발하다

1994년

학력고사를 폐지하고 수능 체제로 들어서다

시험은

과거 제도부터 근대의 개혁, 현재에 이르기까지
계급 유지 장치, 신분상승의 수단이 되었으며
변화된 입시 제도에 따라 사회는 함께 변화했다

모든 사람은 시험에 통과하기 위해 몸을 맞춘다
그래서 시험은 그 시험에 맞는 사람을 만들어낸다

시험을 보면 그 사회와 사람을 알 수 있다
과연 우리의 시험은
어떤 사람을 만들어내고 있을까?

대한민국, 시험을 결정하는 힘

한국은 전 세계에서 교육열이 가장 높은 나라로 불린다. 그리고 교육의 중심에는 시험이 강력하게 자리하고 있다. 시험은 교육 과정에 영향을 미치고, 교육 과정은 시험에 영향을 미친다. 우리나라의 시험 시스템은 고려 시기 광종 때, 중국에 있는 과거 시험을 우리나라에 도입하여 958년도에 최초로 시행되었다고 알려졌다. 고려 시대와 조선 시대에 걸쳐 지속된 과거 시험은 갑오개혁 때 기존의 신분제가 해체되면서 새로운 형태의 시험을 맞이한다. 이후 격변의 근현대사를 거치면서 시험 언어는 조선 시대의 한자, 일제강점기 때의 일어, 해방 이후에는 영어가 강력한 효력을 발휘하는 변화를 겪는다.

해방 이후에 시험의 가장 큰 변화는 객관식 시험의 도입이다. 미국에서 시험을 객관화시키는 운동이 확산되면서 우리나라에도 영향을 미치게 된 것이다. 객관식 시험은 여러 제도적 개편을 거쳐서 우리나라에서 가장 보편적인 시험 제도로 자리 잡았다. 그리고 현재 한국에서 가장 중요한 시험은 대입 시험인 대학수학능력시험으로 통한다.

단일 시험을 통한 교육 과정 평가를 위해 설계된 수능 이전의 학력고사와 다르게, 수능은 이전 교육 과정을 얼마나 충실히 이행했는지를 평가하며 동시에 대학 입학 후 수학능력의 핵심이 되는 사고력을 평가하려고 한다. 하지만 초기 수능의 취지와는 달리 수능이 묻는 것은 단순하다. 얼마나 많이 공부했는가, 그리고 얼마나 많이 수능의 유형에 익숙한가. 수능 준비의 핵심은 절대적으로 많은 양의 공부를 효

시험은 교육 과정에 영향을 미치고, 교육 과정은 시험에 영향을 미친다.

율적으로 수행하는 데 있다.

수능의 난이도는 '고등학교 과정을 이수한 학생'을 위해 맞춰져 있고, 문제의 주요 개념들은 고등학교 교과 과정에서 등장한다. 고등학교 과정 전체는 대학 입시를 목표로 진행된다.

대한민국의 학생들은 초등학교, 중학교, 고등학교 12년을 장기적인 '입시 준비'를 하며 살아간다. 12년간 시험 지옥에 시달려 왔는데, 잠깐이라도 이 지옥에서 해방될 수 없는 것인가. 명문대로 입학하면 스펙을 보장받아 좋은 직장으로 취업할 확률이 높아지지만 그렇지 못하면 가야 할 길은 멀다. 불안정한 사회의 변화 속에서 사람들은 점점 안정된 직장을 원한다. 수능이 끝나고 바로 공무원 시험을 준비한다는 종류의 기사가 등장한 지도 꽤 오래되었다. 청년들의 삶은 팍팍하기만 하다. 시험은 인간다운 삶, 더 나은 삶을 위한 당연한 과정으로 인식된다.

무엇이 경쟁적 시험을 만드는가?

시험의 사전적 정의는 '재능이나 실력 따위를 일정한 절차에 따라 검사하고 평가하는 일'이다. 대입 시험은 고등학교 과정까지의 학업 성취에 대한 평가를 통해 누가 대학에 입학할 수 있는지를 선별한다. '대학 입학'이라는 자원은 국가에 따라 다르고, '대학 졸업장'이라는 자원의 가치도 국가에 따라 달라진다. 경쟁은 시험 자체의 문제라기보

시험을 결정하는 힘은 무엇일까? 무엇이 경쟁적 시험을 만드는가?

다는 자원 배분의 문제다.

대학이 삶의 질과 인생의 자원 배분에 아주 중요한 역할을 하는 국가에서는 사람들은 기를 쓰고 더 좋은 대학에 입학하려고 할 것이다. 대학을 통한 자원 배분의 서열화가 심하다면 이런 경쟁은 한층 강화될 것이다. 시험의 내용이 바뀐다고 해도 바뀐 내용에 맞추어 경쟁이 심해질 것이다.

시험의 경쟁은 시험 제도 하나만으로 발생되지 않는다. 많은 사회적 제도와 마찬가지로 시험 제도는 독립적으로 존재하지 않는다. 오랜 세월 축적된 한 사회의 문화와 역사, 정치경제적인 상황이 교육 제도와 상호작용하고 이러한 교육 제도는 시험과 상호작용한다.

보라, 행하라, 더 나은 미래를 위해

시험으로 인한 불합리하고 과도한 경쟁의 책임을 특정한 시험 제도 자체에 물을 수는 없다. 단순하게 시험 제도만을 손보는 것으로 제도가 가지는 사회적 부작용을 극복할 수는 없다. 교육 문화에 대한 사회적 공감을 토대로 대학 교육이 정상화되고 사회가 정상화되어야 시험 제도의 여러 사회적 문제들이 극복될 수 있다.

시험 제도를 좀 더 합리적으로 개편하는 것은 중요한 일이다. 시험이 더 나은 성장을 위한 민주시민을 양성하는 방식으로 이루어진다면, 교육의 방향도 이에 집중하게 될 것이며, 점진적으로 현실적인 진보를 이뤄낼 수 있을 것이다.

현재 한국의 시험 제도에는 많은 한계들이 존재한다. 문제점을 인식하고 여러 구체적인 대안을 통해 한계들을 극복해가는 것으로도, 사회는 한층 합리적으로 변할 수 있다. 이제 우리는 시험을 둘러싼 우리의 현실을 면밀히 살펴볼 것이다. 우리의 삶을 좌우하는 시험, 그 시험을 직시하는 우리의 뜨거운 관심과 냉정한 접근이 필요하다.

시험 제도는 독립적으로 존재하지 않는다.
오랜 세월 축적된 한 사회의 문화와 역사, 정치경제적인 상황이 교육 제도와 상호작용하고
이러한 교육 제도는 시험과 상호작용한다.

Part 2
돈으로 살 수 없는 것

시험 잘 보는 유전자

왜 누구는 시험을 잘 보고, 누구는 망칠까?

2007년부터 6년에 걸쳐 의문의 해답을 찾아나선
대만대학교의 창춘옌 교수

시험 결과의 원인을 환경적인 요인이 아니라
유전적인 요인에서 찾다!

대만의 수능 격인 BCT(기본역량평가)

이 BCT 결과를 토대로 연구를 진행한 창 교수
2013년 〈뉴욕타임스〉 1면에 창 교수는
놀라운 실험 결과를 발표한다
시험 잘 보는 유전자가 있다는 것을 밝혀낸 것이다

시험 잘 보는 유전자인
콤트 유전자

콤트 유전자의 세 가지 유형
전사형, 걱정쟁이형, 그 사이에 있는 중간형

실력 외에도 영향을 주는 요소들이 분명 존재하고 있다

수능이나 공무원 시험같이 부담이 큰 시험에서
수험생의 유전적 특징이
시험 성적과 어떤 관련이 있을까?

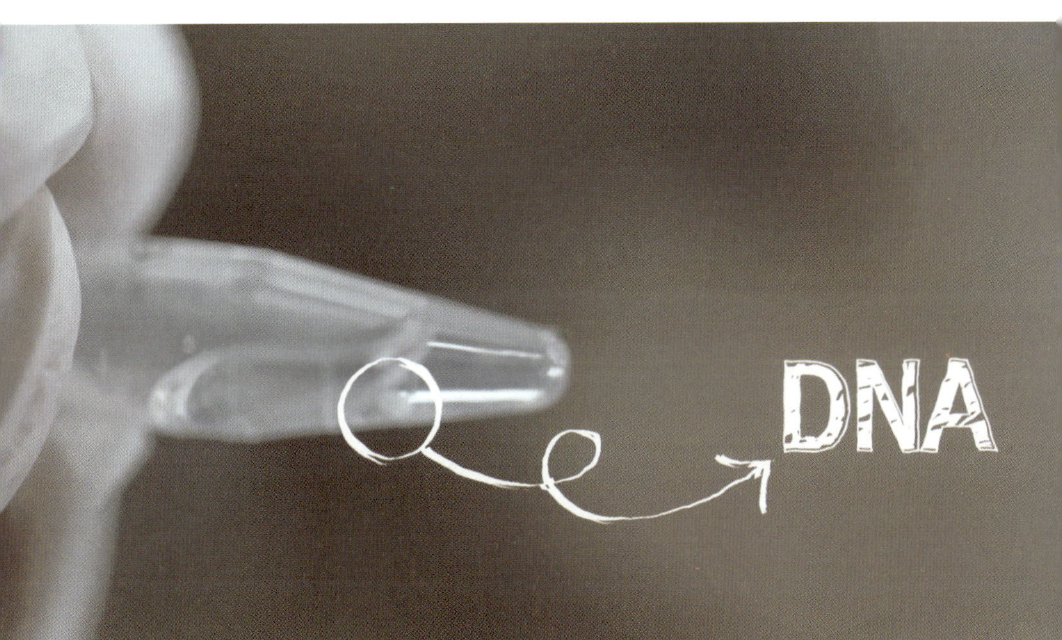

긴장이 시험을 떨게 만든다

　시험 당일의 소소한 것들이 시험 점수에서 중요한 역할을 한다. 음식에서 체온 조절, 마음가짐에 이르기까지 다양하고 세세한 팁들이 있지만 핵심은 어렵지 않다. '최대한 평소와 같은 상태를 유지할 것'. 최선에 가깝게 평소 생활을 유지하고, 그러한 노력으로 시험 당일에도 평소 컨디션을 유지하는 것이 중요하다. 쉬운 이야기지만 쉽게 실천하기는 어렵다. 시험은 긴장과 스트레스를 유발한다. 중요한 시험일수록 긴장과 스트레스는 강해지기 마련이다. 이러한 긴장을 잘 버티는 '강심장'이라면, 비슷한 실력을 갖춘 '새가슴' 친구보다 좀 더 좋은 시험 점수를 받을 수 있을 것이다. 시험 고수들의 말에 따르면, 시험장에서 최고의 기술은 긴장을 하지 않는 것이다.

　그런데 어떻게 하면 긴장을 덜 할 수 있을까? 시험 공부를 충실하게 하면 시험에 대한 자신감이 상승해서 덜 긴장하게 된다. 그리고 시험을 잘 보기 위한 다양한 팁들도 시험 당일의 긴장을 조절하는 데 도움이 될 것이다. 그 외에는 어떤 것이 존재할까? 시험 당일의 가장 중요한 능력인 '시험에서의 긴장 처리'에 관한 굉장히 흥미로운 연구가 존재한다. 그 비밀은 유전자에 있다.

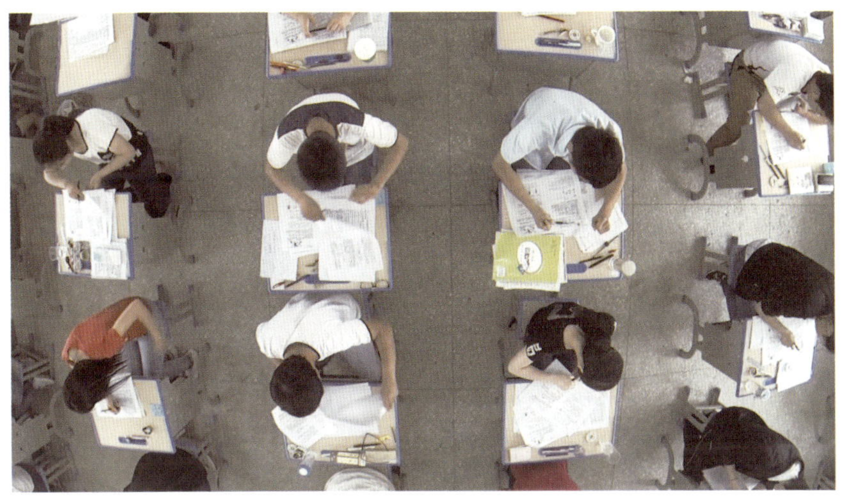

중요한 시험일수록 긴장과 스트레스는 강해지기 마련이다.

세상을 깜짝 놀라게 한 시험 잘 보는 유전자

비슷한 실력과 기술을 갖췄음에도 누구는 시험을 잘 보고 누구는 시험을 망칠까? 2007년, 대만의 창 교수는 이에 관한 아주 흥미로운 가설을 가지고 연구를 시작했다. 수능이나 공무원 시험같이 부담이 큰 시험에서 수험생의 유전적 특징이 시험 성적과 관련이 있을지도 모른다는 가설이었다. 다른 흥미롭고 위대한 연구와 마찬가지로, 사소한 계기가 이 연구의 시발점이 되었다. 창 교수는 뛰어난 성적을 보인 부모와 달리 늘 저조한 성적을 나타내는 아들을 걱정하다가, 이렇게 아들이 시험을 못 보는 데에는 유전적인 요인이 있는 것이 아닌가 하는 의문을 갖고 연구를 시작한 것이다.

창 교수는 대만 입시의 핵심적인 위치를 차지한 BCT를 연구 대상으로 삼았다. 대만에서는 중학교 3학년 때 BCT를 치른다. 전체 수험생 30만 명을 하나의 시험으로 평가하고 진로를 가늠하는 이 시험은 한국의 수능만큼이나 매우 중요한 시험이다. 이 시험 결과의 성적순으로 명문고의 입학 자격이 결정되며, 이는 곧 대학 입학과 인생의 성공을 좌우하게 된다. BCT는 국민 전체를 연구 대상으로 사용할 수 있는 적절한 시험이었다.

창 교수는 대만의 4개 중학교에서 BCT를 준비 중인 3학년 학생 779명의 혈액을 추출했다. 창 교수는 이러 혈액에서 DNA를 추출했다. 그리고 이렇게 추출한 DNA를 유형별로 분류하고, 학생들의 BCT 성적을 분석했다. 이렇게 하면 유전자가 시험 성적에 어떤 영향을 미치는지 의미 있는 결과를 얻을 수 있을 것이라 본 것이다.

연구를 처음 시작한 지 6년이 지난 2013년, 〈뉴욕타임스〉 1면에 창 교수의 연구 결과가 발표되었다. 이 연구의 결과는 세상을 깜짝 놀라게 했다. 실제로 유전자가 시험 점수에 영향을 미친다는 결과를 내놓았기 때문이다. 시험 당일의 긴장을 조율하는 유전자가 존재하며, 이러한 유전자의 유형에 따라 시험 점수가 결정된다는 것이다.

창 교수가 주목한 것은 카테콜오메틸트란스페라제 즉, 콤트Comt를 결정하는 유전자였다. 콤트는 모노아민옥시다아제와 함께 아드레날린, 노르아드레날린 등의 카테콜아민의 대사 효소로서 혈중에 존재한다. 의학계에서 콤트 등의 대사 효소는 다양한 신경전달물질을 조절하며 우울증 등과 관련이 있는 것으로 여겨졌다. 창 교수는 이 콤트 유전자가 뇌를 활성화시키는 신경전달물질인 도파민을 조절하는 역할을 하며, 다양한 유형의 콤트 유전자가 각자 다른 방식으로 도파민의 양을 조절한다는 것을 알아냈다.

운동 신경과 감정 조절에 깊이 관여하는 도파민은 뇌의 연료라 할 수 있다. 인체를 이루는 모든 물질이 그러하듯, 너무 적은 것도 문제가 되고 너무 많은 것도 문제가 된다. 따라서 일정한 도파민의 양을 유지하는 것이 중요하다. 연료가 너무 적으면 엔진이 움직이지 않고, 연료를 너무 많이 넣으면 엔진이 폭발한다. 그래서 인간의 뇌는 도파민의 양을 적절히 조절해줄 '무엇'이 필요하다. 이 콤트 유전자가 바로 뇌에 적정 수준의 도파민을 유지해주는 역할을 맡는다.

콤트 유전자의 세 가지 유형

그런데 이러한 콤트 유전자에는 세 가지 유형이 있다. 바로 전사형, 걱정쟁이형, 중간형이다.

전사형 콤트 유전자는 시험 등의 이유로 강한 스트레스가 가해지는 경우, 스트레스 때문에 과다하게 분출되는 도파민을 걱정쟁이형보다 4배 빠르게 분해한다. 과잉 생산된 연료를 효과적으로 제거하여 뇌의 부하를 줄여주는 것이다. 그래서 전사형 콤트 유전자를 가진 사람은 강한 스트레스가 가해지는 상황에서도 긴장이나 불안 없이 문제를 잘 해결할 수 있다.

걱정쟁이형 콤트 유전자는 과다 분출된 도파민을 제거하는 데 전사형보다 4배 많은 시간을 필요로 한다. 뇌의 도파민 과부하 상태가 오래 지속되는 것이다. 극도의 긴장이나 스트레스가 가해지는 상황에서 뇌는 제 기능을 하지 못한다. 그런 이유로 시험과 같은 상황에서 전사형보다 저조한 성적을 얻게 된다.

창 교수가 연구한 779명의 학생들 중 50퍼센트가 전사형, 40퍼센트가 중간형, 나머지 10퍼센트가 걱정쟁이형 콤트 유전자를 가지고 있었다. 그리고 걱정쟁이형 유전자를 가진 학생들은 BCT의 과학, 사회, 수학, 영어, 중국어의 다섯 개 평가 항목에서 모두 전사형 유전자를 가진 학생들보다 낮은 성적을 거두었다.

흥미로운 사실은, 평상시 환경에서는 걱정쟁이형의 언어능력과 기억력이 우월하다는 점이다. 평소에 걱정쟁이형은 전사형보다 사고능력도 우수하며 일을 계획하고 결정하는 데 있어서 뛰어난 능력을 보여준다. 걱정쟁이형은 도파민을 천천히 분해하기 때문에, 긴장과 스트레스가 없는 상태에서는 뇌에 충분한 연료가 잘 유지되어 사고를 하는 과정에서 유리하기 때문이다. 하지만 스트레스가 가해지는 상황에서는 연료의 과부하가 발생하고, 전사형보다 낮은 실력과 점수를 보이게 된다. 유전자가 인간의 '시험의 긴장 상태'를 조절한다는 것이다.

창 교수가 이 연구를 시작할 무렵, 그의 아내는 그에게 이렇게 말했다. "당신은 이 실험을 하면 안 돼요. 만일 유전자가 모든 것을 결정한

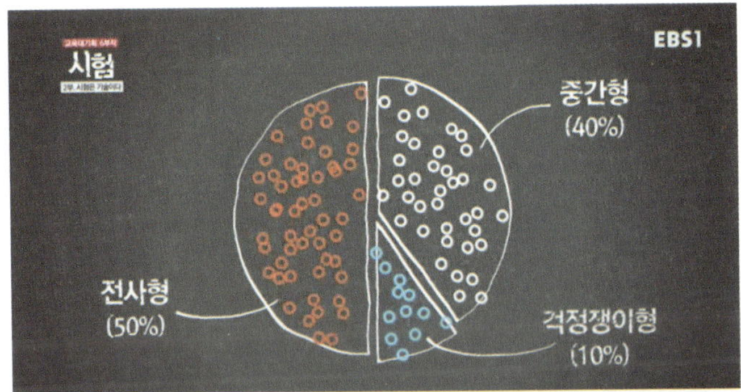

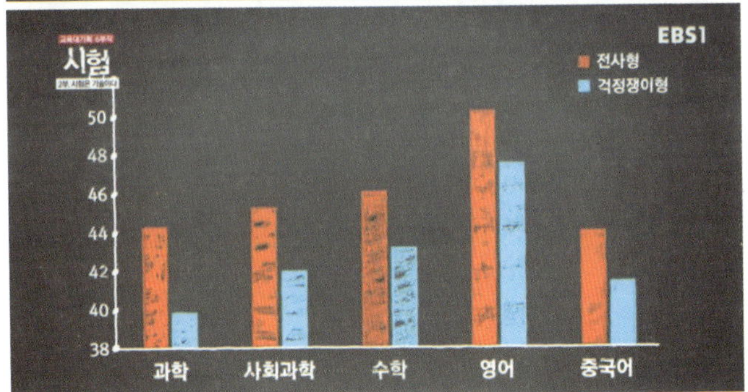

콤트 유전자에는 전사형, 걱정쟁이형, 중간형이 있다. 전사형 콤트 유전자는 시험 등의 이유로 강한 스트레스가 가해지는 경우, 스트레스 때문에 과다하게 분출되는 도파민을 걱정쟁이형보다 4배 빠르게 분해한다. 평가 항목에서 전사형이 걱정쟁이형보다 좋은 성적을 보였다.

다는 결론이 나온다면 히틀러 같은 일이죠." 하지만 창 교수의 생각은
달랐다.

"제 연구가 시사한 점이 있다면, 그것은 시험 하나만으로 학생들
을 평가하는 것은 공정하지 못하다는 것이지요. 학생들을 제대로
평가하기 위해서는 더 많은 정보가 필요합니다."

유전자가 시험 성적에 깊숙이 개입한다면, 시험 하나만으로 학생을
평가하는 것은 적합하지 않은 일이 된다는 것이다. 창 교수는 '우리가
버려야 할 것은 단 하나의 시험으로 아이들을 객관적으로 평가할 수
있다는 착각'이라고 이야기했다. 그렇다면 우리가 측정하고 평가하고
자 하는 시험에는 어떤 오류가 숨어 있을까. 우리는 시험에 담긴 비밀
들을 하나씩 알아보기로 했다.

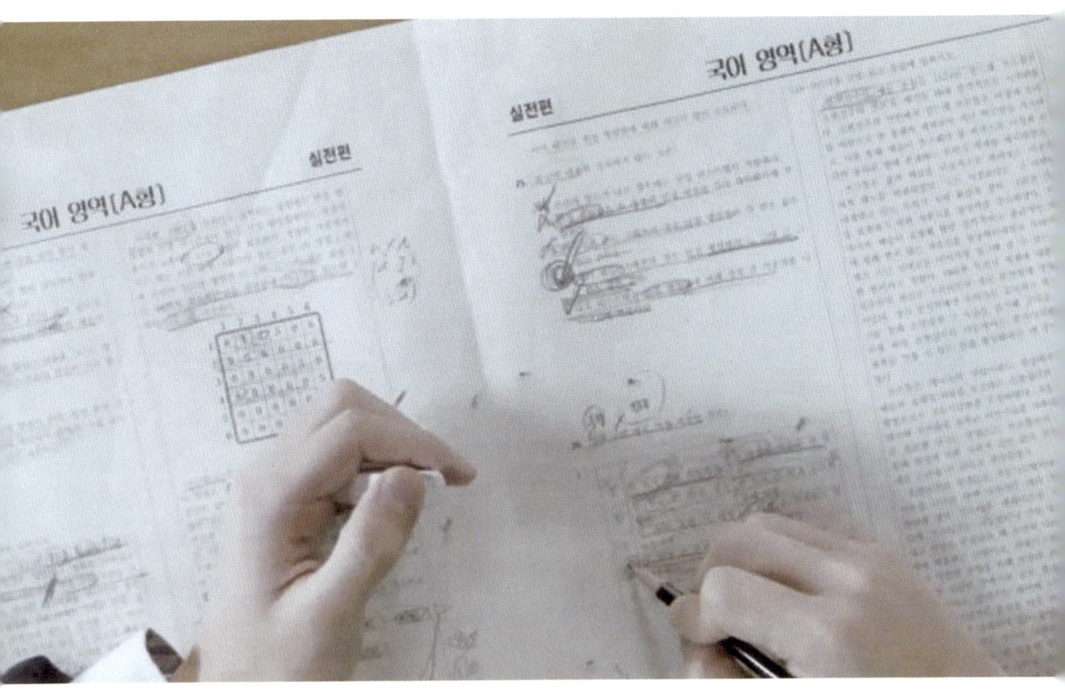

시험 하나만으로 학생의 능력을 평가하는 것은 과연 옳은 일일까?

시험 성적,
과연 당신의 실력을 반영할까

테스트 와이즈니스 Test Wiseness

시험을 잘 치르는 기술에 관한 학문

시험에는 기술이 통한다
시험 고수들이 말하는 실력 외에도

시험 성적을 결정짓는 다양한 요소들

당신이 어떻게 지혜로운가,
어떻게 똑똑한가는 중요하지 않다

단지 중요한 것은 이것이다
"게임의 룰을 얼마나 알고 있는가"

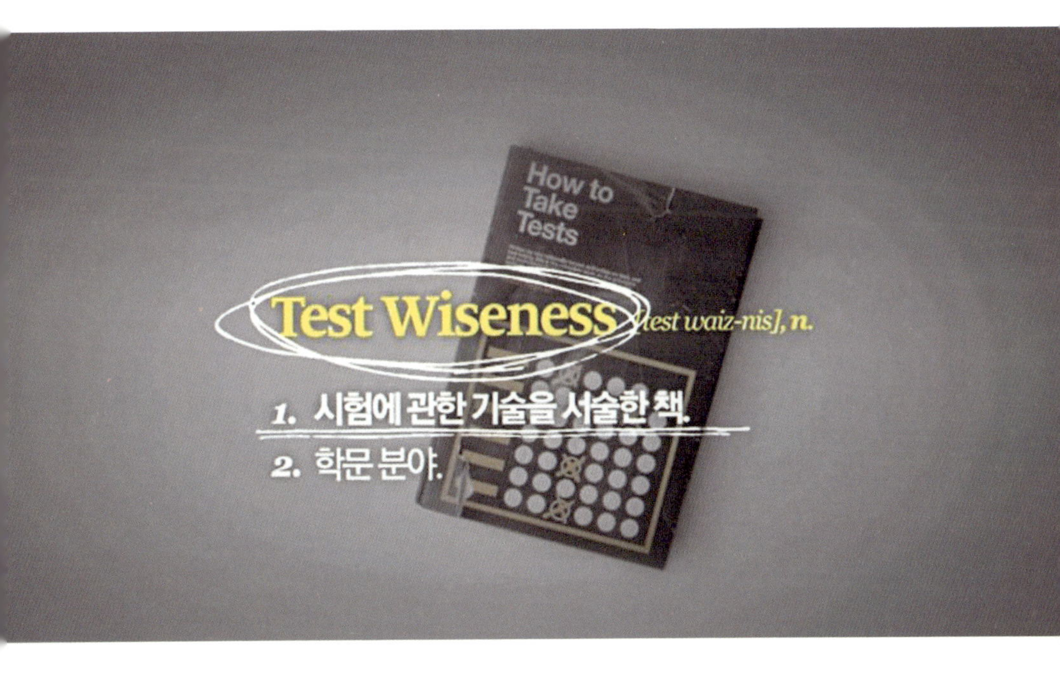
How to
Take
Tests

Test Wiseness [test waiz-nis], n.

1. 시험에 관한 기술을 서술한 책.
2. 학문 분야.

시험 잘 치르는 기술에 대한 학문, 테스트 와이즈니스

우리는 많은 시험을 치르며 살아간다. 그리고 시험은 우리의 인생에서 매우 중요한 변수가 된다. 이토록 중요한 시험이지만 시험에는 함정이 있다. 우리는 성적이 곧 실력이라 믿지만 과연 시험 성적이 실제 실력을 반영할까? 똑같이 공부를 해도 어떤 사람의 점수는 높고 어떤 사람의 점수는 낮다. 공부 자체의 효율성이 다를 수도 있지만, 분명히 비슷한 실력임에도 결과가 확연히 다르다면 우리가 알지 못하는 시험을 잘 보는 기술이 존재하는 것은 아닐까?

"시험에 대한 저의 흥미는 초등학교 때부터 시작되었습니다. 교육부 관리들이 들어와서 우리에게 IQ 테스트를 실시했습니다. 저는 시험 볼 때 많이 떨던 아이여서 감독관이 들어왔을 때 그냥 토해버렸어요. IQ 성적이 아주 형편없이 나왔죠. 제 형편없는 지능 테스트 검사의 결과로 선생님은 저를 멍청하다 여겼고 저도 제가 멍청한 줄 알았습니다."

— 로버트 스턴버그(성공지능이론의 창시자, 코넬대학교 인간생태학 교수)

"시험에 기술이 통한다는 건 동의합니다. 외국에서는 어떤 사람이 시험 기술에 대해 공부해서 점수가 높게 나오고 또 어떤 사람은 그걸 몰라서 점수가 낮게 나오면 문제가 있다고 인식했어요. 그래서 모든 학생들에게 공평한 기회를 주도록, 지금까지 알려진 시험 기술을 정리해서 교육을 해줍니다."

—박도순(수능 창시자, 전 고려대학교 교육학과 교수)

테스트 와이즈니스는 시험을 잘 치르는 기술에 관한 학문으로, 시험에 기술이 통한다는 것을 인식하고 시험 기술을 모든 학생들이 공유하게 한 것이다. 실력 이외에 작용하는 외부 요소를 차단해서 공평한 출발점을 만드는 것이 목표다. 학자들은 시험 점수에 대한 기본적인 등식을 정리하여 시험 점수 X는 T+E 라는 공식을 도출했다. 여기서 T는 트루 스코어 즉, 진짜 실력을 의미한다. 언제 어떤 방식으로 시험을 치든, 바뀌지 않는 본인의 진짜 실력을 말하는 것이다. 하지만 진짜 실력은 존재하지 않는다. 진짜 점수가 존재할 수 없는 이유는 E, 즉 오차 점수 때문이다. 시험 당일의 날씨와 시험장의 조건, 수험생의 건강과 심리 상태, 주변의 환경 등 온갖 요소들이 오차 점수의 원인이 된다. 오차 점수는 어떤 대상을 측정할 때 생기는 측정오차에서 비롯된다. 물체의 길이를 잰다고 가정할 때, 어떤 자를 어떻게 사용할지에 따라 결과가 달라지는데 이를 측정오차라고 한다. 무형의 영역인 인간의 실력을 측정할 경우 측정오차는 더욱 가늠하기 어려워진다. 이에 대해 박도순 교수는 다음과 같이 이야기했다.

"엄격하게 이야기하면 우리의 정신 세계를 재는 것은 비슷하게 재는 것조차 어렵습니다. 측정오차를 최대한 줄여야 원래 재려던 진짜 실력에 가까워지는 거죠."

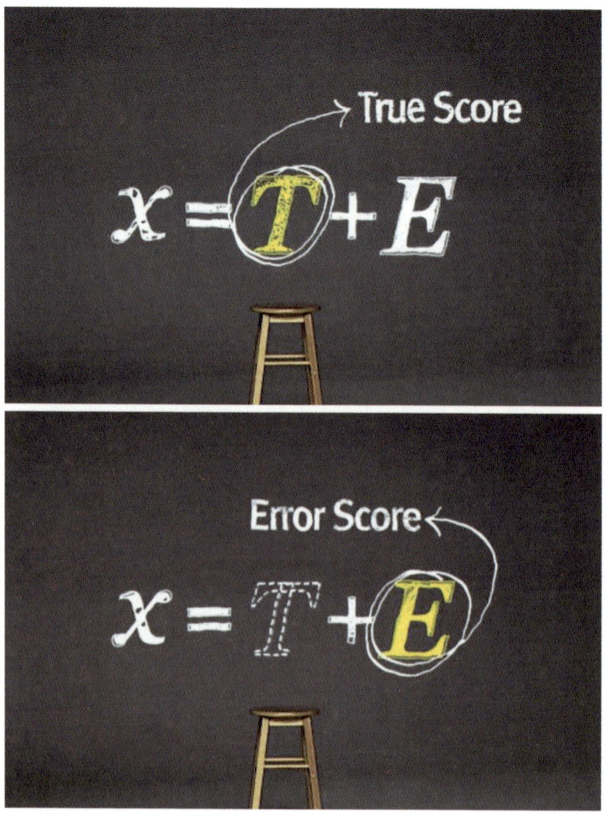

시험 점수 X는 T+E 라는 공식. 여기서 T는 트루 스코어 즉, 진짜 실력을 의미한다. 언제 어떤 방식으로 시험을 치든 바뀌지 않는 본인의 진짜 실력을 말하는 것이다. 그리고 E는 진짜 점수가 존재할 수 없게 만드는 오차 점수다.

측정오차를 줄인다면 진짜 실력에 가까워질 수 있겠지만 0이 되도록 완전히 그 차이를 줄일 수는 없다. 인류가 개발한 시험 중 IQ테스트가 비교적 측정오차가 적은 것으로 알려져 있는데, 그마저도 측정오차가 ±5점이다. 즉 IQ 110이나 120이나 큰 차이가 없는 것이다.

"테스트 와이즈니스는 당신이 어떻게 지혜로운가, 어떻게 똑똑한가에 대한 것이 아닙니다. 단지 시험이라는 게임의 룰을 얼마나 알고 있는지에 관한 것입니다. 이런 게임의 기술을 재미있게 여기는 학생들도 있겠지만, 이것들은 사실 인생에서 성공하기 위해 필요한 나의 능력과는 전혀 상관이 없습니다. 하지만 점수에는 영향을 주죠."

—로버트 스턴버그

시험에는 기술이 존재한다

'시험 기술은 과연 어떻게 존재하는가?'라는 의문을 가지고 제작진은 대한민국에서 손꼽히는 시험 고수들의 인터뷰를 진행하기로 했다. 행정고시 최연소 합격자, 수능 만점자, 수강률 1위 토익 강사, 수학과 언어 영역의 스타 강사 등 검증된 시험 고수들의 생생한 이야기를 들어보기로 했다. 그들은 과연 어떻게 생각하고 있을까?

방송에 참여한 대한민국에서 손꼽히는 시험 고수들, 그리고 수많은

수능 만점
박준성

행시 최연소 합격
노명종

토익 여왕
유수연

교육자나 학습자들이 비슷한 실력에서도 시험의 점수를 높이는 특별한 기술과 학습법이 존재한다고 이야기했다.

우리는 시험의 출제 의도와 유형을 분석하고, 실전적인 방법으로 효과적으로 공부하는 것이 공부의 핵심이라 믿어왔다. 그렇다면 시험에서 좋은 점수를 받기 위해 우리가 할 수 있는 일은 공부를 열심히 하고, 공부 테크닉을 익히는 것이 된다. 하지만 우리는 비슷한 실력에 비슷한 노력을 기울인 경우라도, 시험 점수가 다르게 나오는 상황을 주변에서 자주 보아왔다. 그렇다면 시험 점수에 영향을 미치는 또 다른 요소에는 무엇이 있을까?

시험 성적을 결정하는 요인들

시험 당일의 상황은 시험 성적에 영향을 끼치는 중요한 요소가 된다. 중요한 시험일수록 긴장과 스트레스가 강하다. 시험 날에도 평소와 다름없는 생활과 마음가짐을 유지하는 것은 생각처럼 쉽지 않다. 한 스타 강사는 시험 당일의 마음가짐이 100점 만점에 5점 정도를 좌우한다고 이야기한다. 수능 만점자인 박준성 씨는 긴장을 많이 하면 속에 탈이 잘 나는 편이다. 그는 시험 당일에 속을 안정시켜주는 약을 먹는다. 하지만 또 아무 약이나 먹을 수는 없다. 약이 안 맞으면 큰일이 나기 때문이다. 그래서 그는 수능 이전에 치러지는 모의고사를 보면서 어떤 약이 맞는지를 테스트했다. 이처럼 평소의 생활을 유지하는 일은 중요하다.

시험 날에는 아침을 꼭 먹어야 머리가 잘 돌아간다는 이야기가 있다. 아침 식사를 챙겨 먹는 것은 중요한 일이지만, 평소 생활 습관도 중요하다. 평소에 아침을 걸러오다가 시험 날만 아침을 먹는 경우, 설사로 이어질 수 있다. 평소 지켜오던 리듬이 깨졌기 때문이다. 시험 날의 날씨도 신경 써야 한다. 너무 춥거나 너무 더운 경우를 위해 온도의 변화에 민감하지 않게 적당한 복장을 준비해야 한다.

과연 어떤 것이 나에게 적용될 수 있을까? 한국에서 가장 많은 사람들이 도전하는 시험은 토익이다. 연간 200만 명이 응시하는 대규모 시험으로, 규모로는 약 60만 명이 응시하는 수능보다 앞서 있다. 총 45만 명이 응시하는 공무원 시험이 그다음일 것이다. 당연한 이야기지만 공부를 열심히 하고, 실력이 좋을수록 좋은 점수를 받을 것이다. 영어를 잘하면 높은 토익 점수를 받을 수 있고, 교과 영역을 열심히 공부하여 필수적인 지식을 암기하고 종합적인 사고력을 향상시키면 수능 점수를 잘 받을 수 있다. 하지만 토익과 수능을 가르치는 유명한 강사들의 생각은 조금 다른 것 같다. 실제로 해당 시험에서 높은 점수를 받은 응시자들도 마찬가지다.

전국에서 가장 많은 학생들이 수강하는, 수능 언어 영역계의 스타 강사의 말은 놀랍다. 바로 시험은 기술이라는 것. 시적인 감수성이 없어도 얼마든지 국어 문제를 잘 풀 수 있다. 그가 개설한 강좌의 강의 계획서를 보면 그의 '시험 철학'을 알 수 있다.

시험 성적을 결정하는 요인들은 무엇이 있을까? 시험 날에 평소와 다름없는 생활과 마음가짐을 유지하는 것은 생각처럼 쉽지 않다. 시험을 준비하는 사람들에게는 단것을 섭취하고, 속을 편하게 하고, 온도변화를 신경 쓰는 등의 자신만의 시험 노하우가 존재한다.

　　"수능은 단순히 국어 개념의 이해 유무를 평가하는 시험이 아닙니다. 학습한 개념을 문제에 적용하는 것, 그것이 바로 '수능 마인드 확립'입니다."

　　그가 강조하는 것은 '개념의 적용'이다. 개념을 학습하고 이해하는 것만으로는 시험을 잘 볼 수 없다. 수능 문제가 출제되는 방식을 이해하고, 문제의 유형을 파악하며, 수능식 접근법과 해석법을 이해해야 좋은 수능 점수를 받을 수 있다고 이야기한다. 이처럼 강의 소개에서 구체적으로 다뤄지는 내용은 '국어 개념 학습'이 아닌 '수능 국어에서 좋은 점수 받기'다. 그가 가르치는 것은 '국어 전반의 개념에 대한 이해'가 아닌 '수능 국어 영역'이고, 그의 강의가 '수능 국어 영역'에 집중되는 것은 당연한 일이다. 또 다른 국어 영역의 스타 강사인 이해황 씨의 경우, 저술한 대표 참고서의 제목부터 '언어의 기술'이다. 『언어의 기술』에 대한 책 소개는 '기출 문제를 분석하여 정리한 패턴으로 사고력과 독해력을 키워 언어 영역 만점에 도달할 수 있게 해주는 수능 필독서'라는 문장으로 시작한다. '사고력과 독해력'이라는 국어 개념이 등장하지만, 핵심은 '패턴을 중심으로 높은 언어 영역 점수를 받는다'는 것이다.

　　물론 수강생들의 목표는 자신의 순수한 언어능력 자체를 향상시키기 위해서라기보다는 명확하게 '시험 점수'를 높이는 것이다. 시험 점수를 높이는 방법은 두 가지가 있다. 하나는 해당 시험이 요구하는 본질적인 능력을 기르는 것이다. 수능 국어 영역의 경우, 언어에 대한 전반적인 개념과 지식, 사고력과 독해력을 기르게 되면 좋은 점수를 받을 것이다. 다른 방법은 해당 시험의 '시험 자체'를 분석하여 기술적으로 시험에 접근하는 것이다. 기출 문제의 패턴을 분석하고, 시험에 최적화된 기술을 학습한다. 그리고 우리가 인터뷰한 스타 강사들은 후자의 방법에 집중하고 있다. 즉, 시험에는 기술이 존재하고 그것을 가르칠 수 있으며 그것이 시험 성적에는 효과적이라 믿는다.

분명, 기술은 통한다

토익도 마찬가지다. 토익 학원가의 강의 계획서나 서점의 토익 서적 매대에 가보면, '실전'이라는 단어를 상당히 자주 접할 수 있다. 여기서 말하는 실전은 영어의 실전 활용을 의미하지 않는다. '실전형 토익 강좌'는 실생활에서 쓸모 있는 영어능력을 향상시켜 좋은 토익 점수를 받자는 것이 아니라, 가장 효율적인 방식으로 높은 토익 점수를 받자는 이야기다. 유스타잉글리쉬 원장이자, 대한민국에서 가장 유명한 토익 강사 중 한 명인 유수연 씨는 이렇게 말한다.

"모든 시대마다 시험이 있었고 또 기준이 있었고 거기서 살아남는 방법은 항상 있었죠. 그런데 그중에서도 우리나라가 유난히 기술이 강해요."

그녀가 쓴 토익 교재의 부제는 '토익 멘토 유수연의 전략형 토익 입문서'이다. 이 책도 영어 공부 자체보다는 '토익이 쉬워지는 토익식 사고법과 접근법'을 강조한다. '토익 고득점 방법'을 검색해보면 굉장히 많은 시험의 팁과 스킬들이 쏟아져 나온다.

물론 소비자들이 필요한 것은 '높은 점수'다. 그리고 이러한 교육의 생산자나 소비자 모두, '기술'에 집중하고 있다. 다양한 종류의 교육 상품이 판매되고 소비되는 이 사회에서, 우직하게 그저 공부를 열심히 하라고 이야기하면서 공부 방법이나 개념 학습을 다루는 교육보다는 '시험 자체의 유형이 이런 식으로 제시되니 기출 양상에 맞게 공부를 하라'면서, 시험을 다루는 데 필요한 구체적인 기술과 팁을 이야기하는 쪽이 훨씬 더 솔깃할 수밖에 없다.

실제로 교육을 받고 시험을 치러본 사람의 입장에서는 어떨까? 행정고시 최연소 합격자이자 처음 본 시험에서 바로 합격한 노명종 씨는 '비슷하게 노력하는 사람들 중에서는 기술도 통하는 게 있는 것 같다'라고 말한다. 수능 만점자 박준성 씨도 시험에서 기술은 중요한 문제라고 이야기한다. 한 문제를 더 맞히면 갈 수 있는 대학이 3, 4개씩 갈리기도 하는 수능에서 기술은 중요한 역할을 한다. 그래서 시험 고수들은 이러한 결론을 내린다.

"시험을 잘 본다는 것은 어쩌면 사회가 요구하는 것을 가장 잘 파악하고 있다는 뜻일지도 모르죠. 학교나 사회가 원하는 것이 '삼각형'의 모습이라면, 스스로가 삼각형이 아니더라도 자신을 삼각형처럼 보이게 만드는 것에 능숙한 사람들일수록 인정받는 거죠.”

시험 고수, 그들이 기술이라 말하는 것들

수능과 토익의 스타 강사에서부터 수능 만점자에 이르기까지, 모두들 입을 모아 시험 공부를 위한 특별한 기술이 존재한다고 이야기했다. 그들은 공통적으로 먼저 본인이 치르는 시험이 무엇을 원하는지에 대해 명확하게 파악하고, 거기에 맞는 공부를 하는 것이 중요하다고 말했다.

그렇다면 구체적으로, 어떤 전략들이 존재할까? 그들이 말하는 시험 공부의 전략에 대해서 좀더 집중해서 살펴보도록 하자.

1. 시험의 유형을 파악하라

먼저 가장 중요한 것은 시험의 유형을 파악하는 일이다. 시험 문제는 매번 바뀐다. 작년의 수능이 올해의 수능과 다르고, 지난 번의 토익 시험이 이번의 토익 시험과 다르다. 하지만 각각의 시험은 일관된 철학을 가지고 있으며, 어떠한 흐름이 존재한다. 최근 몇 년치의 기출 문제를 살펴보면 특정한 패턴이 존재하는 것을 알 수 있다. 이러한 패턴을 분석하고 거기에 맞는 공부를 하는 것은 시험에서 좋은 점수를 받기 위해 아주 중요한 일이다.

상대적으로 어려운 시험과 쉬운 시험 모두 마찬가지다. 2001년에 사

실력 이외에 시험 성적을 좌우하는 것들은 무엇이 있을까?

수능 만점자
최연소 행정고시 합격자
언어의 신이라 불리는 남자

그들이 말하는 시험 노하우는

평소와 같은 상태 유지하기

시험 날에 먹는 약물은 미리 테스트해보기

시험 당일 약속 안 잡기

단것 먹기

얇은 옷 여러 겹 입기

따뜻한 물, 찬물 모두 준비하기

자신감 가지기

이미지 트레이닝

이전 시간 시험에 대한 생각 잊기

주변 환경에 대해 관용적 자세 가지기

법고시에 합격하고, '최규호 변호사의 불합격을 피하는 법'이라는 네이버 카페를 운영하면서 고시생들에게 시험 준비에 관한 많은 조언을 해주는 최규호 변호사는 일단 시험의 유형을 파악하는 것이 중요하다고 이야기한다.

"최근 5년~10년 치 기출 문제를 300개 정도 연도별로 구해서 그것을 자신이 보는 기본서에 표시를 하면, 계속 나오는 곳에서만 문제가 나온다는 것을 알 수 있거든요. 그러면 분포가 그려집니다. 중요한 부분, 안 중요한 부분을 알 수 있습니다."

토익 강사 유수연 씨도 비슷한 이야기를 한다.

"왜냐하면 시험이라는 게 그렇게 창의적이지 않아요. 시험을 기출하는 사람들도 한계가 있기 때문에 냈던 것들을 위주로 살짝 변형하게 됩니다. 시험이 그런 원리로 진행이 된다면 패턴을 뽑아낼 수 있어요."

수능도 마찬가지다. 기출과 유형을 알면 기본은 할 수 있다. 수능 수학의 스타 강사 '삽자루 선생' 우형철 씨에서부터 언어 영역 스타 강사 이해황 씨에 이르기까지, 기출과 유형을 강조하지 않는 강사는 찾아보기 힘들다. 가르치는 사람뿐 아니라 실제로 시험을 치르는 사람들도 이 중요성에 대해 알고 있다. 수능 만점자였던 박준성 씨는 평가원의 수학 시험에 패턴이 있다는 것을 분석했다. 이에 대해 구체적으로 분석하기 전에도, 그는 시험에 패턴과 경향성이 있다는 것을 체감했다고 이야기했다.

대부분의 시험은 시험 범위와 유형을 추상적으로 고시한다. 토익은 그 이름 그대로, 소통을 위한 영어 실력을 평가하기 위한 시험이다. 사법고시는 법전 안에 있는 내용을 가지고 시험을 치고, 수능은 고등학교 교과 과정을 다룬다. 그러나 고시되는 범위는 굉장히 넓다. 한정된 시간 내에 준비하는 시험을 잘 보기 위해서는 시험이 '구체적으로' 무엇을 물어보는지를 분석하고 그에 맞게 공부해야 한다. 그리고 지난 기출 문제는 이러한 시험의 구체적인 범위를 분석하는 데 좋은 자료가 된다.

2. 암기하라

기출 문제의 유형 분석이 끝났다면, 다음 단계는 그러한 부분을 암기하는 것이다. 아무런 이해 없이 무조건 암기만 하라는 이야기는 아니다. 하지만 기초적인 이해가 끝났으면 다음 단계로 택할 전략은 '심화된 이해'를 시도하는 것이 아니라 나온 답을 암기하라는 것이다.

이는 대표적인 암기 과목인 역사나 사회에만 해당되는 이야기가 아니다. 수학도 일종의 암기 과목이다. 시험장에서 공식을 하나하나 유도해서 쓸 수는 없으니, 공식 정도는 암기를 해둬야 한다. 언어의 문법도 마찬가지다. 먼저 이해를 한 뒤에는 암기를 해야 한다. 심지어 고등고시의 논술 시험을 대비하는 데에도 암기는 효과적인 공부 방법이

모든 학생들은 좋은 점수를 원한다. 좋은 점수를 받기 위해 시험의 기술을 찾는다.

될 수 있다고 한다.

"2차 논술 공부할 때 공부할 양은 너무 많은데 도저히 이해가 안
되는 거예요. 처음부터 이해할 수 없어서 문제가 있으면 답을 그냥
베꼈어요. 손이 빠져라 베끼고 거의 시험 전날까지도 풀지는 않고
베꼈던 것 같아요. 필사처럼 외웠어요. 그런 식으로 공부를 많이
했어요."

행정고시 최연소 합격자 노명종 씨의 말이다. 최규호 변호사도 암기
의 중요성을 역설한다. 암기의 중요성 때문에 언어 영역 스타 강사는
'국어 문법 형태'의 암기를 위한 노래를 만들었다. 이해를 한 후에 노
래로 암기를 하면 쉽다는 이야기다. 노래 만들어 부르기는 고전적이지
만 효율적인 암기 방법이다. 최규호 변호사는 암기장을 따로 만드는 것
을 추천한다. 1000쪽 짜리 책이 있다면 30쪽 짜리 암기장을 만들어서
스무 번 반복해서 읽는 것을 통해 효과적인 암기를 시도하라고 조언
한다.

3. 깊게 공부하지 말고, 시험의 수준에 맞춰 공부하라

시험을 위한 공부에서 굳이 심화 학습을 할 필요는 없다. 배경 지식
은 공부와 시험에 모두 중요하지만, 시험을 치를 때는 불필요한 배경
지식 이해에 쏟는 시간을 줄이는 게 더 중요할 수도 있다. 시험이 요
구하는 기준과 자신의 생각이 서로 다를 수 있다. 이런 경우에 필요한

것은 그러한 기준을 깊게 파고들어서 내적 맥락을 탐구하는 게 아니다. 시험이 요구하는 기준을 더 명확하게 파악하고 거기에 맞춰 공부하는 것이 중요하다. 그것이 '시험을 위한 효과적인 공부 방법'이라 말한다.

> "시험 공부와 그냥 공부는 매우 큰 차이가 있습니다. 수십만 명이 치는 수능, 몇십만 명이 치르는 공무원 시험이나 고시는 응시자 수가 워낙 많기 때문에 그 수많은 과목에 대한 깊은 지식을 물을 수가 없어요. 그래서 타협점을 찾은 게 객관식 시험, 그다음에 논술형 시험입니다. 깊게는 몰라도 얕게만 알아도 합격할 수 있는 시험입니다. 그래서 정말 실력이 있어야 시험에 붙는다는 것은 맞지 않는 이야기 같아요."

시험에 대한 최규호 변호사의 결론이다. 해당 분야에 대한 실질적인 지식과 실력이 있으면 시험을 잘 볼 수 있겠지만, 실력만이 합격의 전부를 결정하는 것은 아니다. 오히려 시험에서는 전략적인 관점에서 얕고 가볍게 공부를 하는 것이, 더 좋은 점수를 받는 길인지도 모른다. 이러한 관점에서, 토익 강사 유수연 씨는 이렇게 덧붙인다.

> "우리나라에 들어와서 살아남을 수 있는 시험은 존재하지 않는다고 생각해요. 우리나라에 들어오면 어느 종류의 시험이든지 전문가가 붙어 샅샅이 해부가 됩니다. 의도와 과정을 다 알지만 패턴

만 남겨서 전달을 하다보니 우리나라에서는 어떤 시험이 들어와도 2, 3년이면 해부가 된 다음에 재조합이 되죠."

모든 학생들과 시험 응시생들은 '좋은 점수'를 원한다. 이에 발맞추어, 시험 전문가들은 시험의 양상을 분석하고 해체한다. 이를 바탕으로 시험을 더 효과적으로 준비할 수 있는 방법을 마련한다. 시험의 기술은 시험을 보는 사람들이 어쩔 수 없이 인정할 수밖에 없는 높은 점수로 가는 관문일지도 모른다.

시험의 기술은 시험이 존재하는 한, 반드시 거쳐야 하는 관문일까?

시험에 숨겨진 패턴

시험이 학생의 능력을
제대로 평가하고 있는가

여러 개의 예시 중에 하나를 선택하는
객관식 선다형 시험은
특히나 기술이 많이 적용되는 부작용을 낳는다

시험에 기술이 통용될 여지가 많으면 많을수록
실제 실력과 차이가 벌어진다
하지만 시험 점수가 곧 아이들의 실력이라는 생각은
쉽게 변하지 않는다

"우리 사회는 시험 점수에 대한 맹신이 지배하고 있습니다.
한두 개의 오답 때문에 수많은 아이들이 좌절하고
심지어 목숨까지 버리기도 합니다.
성적이 곧 학생의 실력일까요?"

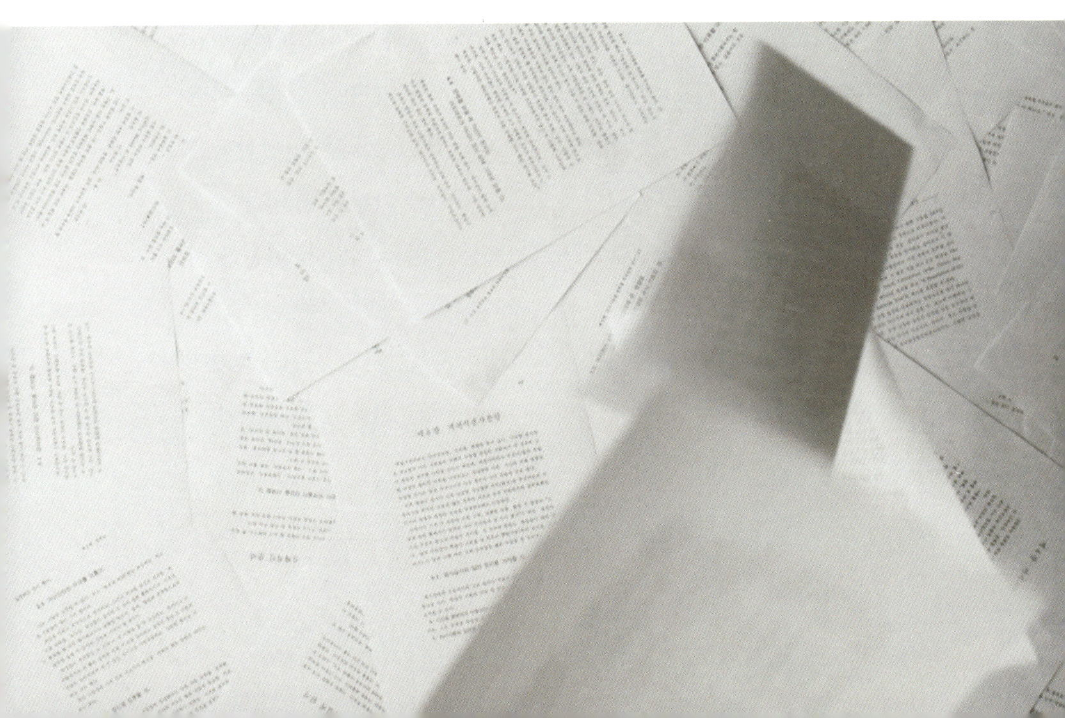

가장 간편하게 책정된 방법

　시험의 핵심은 실력을 평가하는 것이다. 하지만 완벽하게 실력을 평가하는 시험은 존재하지 않는다. 한 사람의 실력을 제대로 파악하려면, 오랜 시간과 자원을 가지고 그 사람의 면면을 구체적으로 분석해보아야 한다. 영어 시험을 예로 들어보자. '영어 실력'은 영어에 관한 복잡한 요소들로 이루어져 있다. 영어 실력을 이루는 세부 요소들은 각각의 평가 기준을 가지고 있다. 영어 독해와 작문이 가능하다면 그것이 어느 정도 수준인가, 단순한 지시문을 읽을 수 있는 정도인가, 아니면 논문 등의 '고급 문서'를 해석하고 작성할 수 있는 정도인가를 보아야 한다. 말하기와 듣기도 마찬가지다. 이렇듯 한 사람의 영어 실력을 이루는 요소들은 다양하고 그것을 완벽하게 평가한다는 것은 어려운 일이다.

　여기서 시험의 중요성이 등장한다. 시험은 시험을 보는 다수의 실력을 일관성 있고 타당하게 파악하기 위해 존재한다. 영어 실력이 필요한 직업에 열 명이 지원했다고 가정해보자. 한 명의 영어 실력을 복합적으로 판단하기도 힘든 상황에서, 열 명의 영어 실력을 판단한다는 것은 더욱 힘든 일이 된다. 그렇게 판단한 근거를 가지고 열 명을 순서대로 줄세워 가장 잘하는 한 명을 뽑는 것은 더욱 어렵다. 하지만 시험은 이 과정을 편하게 도와준다. 영어 실력을 최대한 객관적으로, 그리고 수치적으로 평가해줄 수 있는 시험이 존재한다면 지원자들에게 그 시험을 치르게 하면 된다. 그래서 가장 잘 본 사람을 뽑으면 된다.

시험은 선별을 위해 가장 간편하게 책정된 방법이기도 하다.

이것이 우리 사회에 존재하는 시험이다. 수능은 수험자들이 이전의 교육 과정에서 배운 것을 얼마나 알고 있고, 사고력이 어느 정도인지를 파악하려는 것이다. 대학의 수가 아주 적고, 대학의 지원자 역시도 적은 수라면 수능이라는 단시간에 이루어지는 시험 대신 그들을 직접 대면하여 지식 수준을 평가하는 쪽이 더 좋은 방법이 될 수 있다. 공무원 시험도 마찬가지고, 영어 시험도 마찬가지다.

평가와 일관성, 그리고 패턴

이러한 시험에서 가장 중요한 요소는 시험의 일관성과 타당성이다. 만약 어떤 영어 시험이 문법을 과도하게 중요하게 생각하여, 문법 문제 배점을 지나치게 높게 책정했다고 가정했을 경우, 어휘력과 활용 능력이 떨어지는 사람이라도 문법만 열심히 공부하면 시험에서 좋은 점수를 받을 수 있다. 이렇게 되면 높은 점수를 받은 사람들이 낮은 점수를 받은 사람들보다 실제로는 영어를 못하는 경우도 생긴다.

이런 식으로 시험이 시험자의 전체적인 실력을 제대로 평가하지 못한다면, 그 시험은 많은 비판을 받게 될 수밖에 없다. 시험은 자기 위치를 유지하기 위해 일관성과 타당성을 인정받으려 노력한다. 500점 만점에 300점을 받은 사람은 다른 300점을 맞은 사람과 비슷한 실력이어야 하고, 200점을 맞은 사람보다 실력이 뛰어나야 한다. 현실적인 차원에서 그렇지 않은 경우도 있지만 해당 시험이 요구하는 것에 대해서는 비슷한 수준을 유지해야 한다.

중요한 시험들은 어느 정도의 일관성과 타당성이 존재하기 때문에 사회에서 중요한 자리를 차지하게 된다. 여기서 '패턴'이 발생한다. 시험은 일관성을 가져야 한다. 하지만 현실적인 문제로 똑같은 문제를 낼 수는 없다. 그렇다면 어떻게 해야 될까? '유사한 경향성을 가졌지만 내용은 다른' 문제를 내는 것이 일관성을 유지하기 위해 가장 효과적이다. 바로 이것이 시험의 '패턴'이다. 패턴의 발생은 반쯤은 필연적이다. 그리고 이러한 패턴을 익히는 것은 좋은 시험 점수를 받기 위한 전략이 될 수 있다.

이는 다수의 지원자나 수험생 중에 소수를 선발하거나 서열화해야 하는 모든 시험에 통용된다. 이러한 패턴도 계속 변화한다. 패턴이 무한히 반복된다면, 사실상 같은 시험이 무한히 반복되는 것과 다름없을 것이고, 그렇다면 결국 시험으로서의 일관성과 타당성을 잃게 될 것이다.

하지만 패턴은 급변하지 않는다. 패턴이 급변하게 되면 시험이 가지는 일관성과 타당성을 잃게 될 것이기 때문이다. 그러한 까닭으로 어떤 시험에서도 시험의 패턴을 익히는 것은 중요해진다. 이는 가장 기초적인 시험의 기술이 된다.

실제로 수많은 시험 강사들이 이러한 '패턴'에 대한 이야기를 빼놓지 않는다. '기출 문제를 분석하여 패턴을 파악한다'는 것은 토익에서 수능, 공무원 시험에 이르기까지 모든 학원 강사들의 단골 레퍼토리다. 이것이 그만큼 핵심적인 일이기 때문이다. 이를테면 토익 스타 강사 유수연 씨는 토익의 패턴 중 하나가 '그림이 제시된 문제에서 사람의 상반신이 나오는 경우에는 동사가 중요하고, 사람의 전신이 나오면 주변 상황이 중요하다'라거나, '파트2의 경우에는 특정 14개 유형의 문제가 주로 나온다'는 식으로 패턴에 대해 이야기한다. 같은 실력을 가진 경우, 이러한 패턴에 대한 익숙도는 시험 점수에 영향을 준다.

패턴 파악과 실력은 정비례할까

　사실 패턴을 효율적으로 파악하고 그에 맞춰 행동하는 것은 시험뿐 아니라 일상의 문제 해결에 있어서도 도움이 되는 능력이다. 그리고 우리는 우리도 모르는 사이에 어떤 패턴적인 사고를 하고 있다. 토익 강사 유수연 씨는 "해외 직구 사이트를 사용할 때 거기 있는 모든 글을 다 읽고 해석해서 주문을 하는 것은 아니다. 영어를 잘 몰라도 하다보면 저절로 뭐가 뭔지 알게 된다. 이런 것도 일종의 패턴이다"라고 이야기한다.

　언어 영역의 한 스타 강사는 언어 영역에서 좋은 점수를 받기 위해 중요한 것은 패턴을 숙지한 상태로 글을 읽을 때 깊게 생각하며 배운 패턴을 활용하는 것이라고 이야기한다. 문제를 풀 때 다독의 경험이나 이를 통해 얻은 배경 지식은 오히려 방해가 될 수도 있다. 그에 따르면 어떤 문제들은 일부러 머릿속의 배경 지식을 활용하면 틀리도록 함정을 만들어놓은 문제라고 한다. 시험에 나온 지문 자체의 핵심 구조를 파악하고, 지문 속에서 답을 찾아야 좋은 점수를 받을 수 있다는 것이 그의 지론이다. 그가 말하는 '문제 해결의 패턴'이란 어떤 문제가 제시된다 하더라도 다른 배경 지식은 버리고 문제 안에서 길을 찾는 능력이다.

　이러한 종류의 패턴적 사고는 어떤 의미에서 본질적인 문제해결능력 중 하나로 볼 수도 있다. 하지만 문제가 주는 패턴에 얽매이는 식의 공부는 근본적인 실력에 도움이 되지 않는다. 실력보다 높은 영어

우리는 좋은 시험 점수를 얻기 위해 문제의 패턴을 파악하는 법을 훈련한다.

점수를 받는 것이 중요한 상황에서는 이러한 문제 패턴을 익히는 것이 좋은 전략일 수 있지만, 낮은 영어 실력은 언젠가 실무에서 발목을 잡게 될 것이다. 제시된 지문이나 문제에서 핵심 주제를 잡아내는 것은 수능 언어 영역뿐 아니라 실생활에서도 중요한 능력이지만, 세상을 살아가는 데는 다양한 배경 지식이나 독서량을 기반으로 해야 하는 지식과 통찰이 더 필요하다.

시험을 잘 본다는 것은 시험이 요구하는 기능을 잘 파악하는 것이다. 시험에 현실적인 한계가 있는 한 불가피한 일이다. 그러므로 실력보다 시험을 더 잘 볼 수 있는 기술이 존재할 수 있다. 그리고 높은 시험 점수를 받기 위해 기술을 갈고 닦는 사람들을 비난할 수는 없다. 우리 사회에서 시험 점수는 그만큼 중요하기 때문이다. 수능 점수는 대학 입시와 직결되고, 대학 입시 결과는 이후의 삶을 지배한다. 토익 점수는 입사와 승진에서 가장 중요하게 작용하는 점수 중 하나다. 사람들은 높은 점수를 위해 자신의 시간과 돈을 투자해 공부한다. 모두들 많은 노력을 들인 공부가 높은 점수라는 효과적인 결실을 맺기를 바랄 것이다.

하지만 이것은 사회적인 손실이다. 수능은 대학 교육을 잘 학습할 수 있는 종합적 사고력을 갖춘 학생을 선발하기 위해 시행되었지만, 수능 점수만 높고 사고력은 부족하여 대학 교과 과정을 잘 따르지 못하는 학생들이 속출하고 있다. 이것은 '시험 점수를 잘 받는 기술'에 집중한 결과다.

오랜 세월 핍박을 받아온 유대인들에게 공부는 곧 생존 전략이었다. 나라를 잃고 수많은 박해를 경험한 유대인들은 최악의 상황에서도 살아남을 수 있는 사람이 되어야 했기 때문에 학위를 따고, 시험을 잘 치르기 위한 지식이 아니라 언제 어디서든, 실생활에서 쓰이고 삶에 도움이 될 수 있는 실용 지혜와 창의성 교육에 몰두하였다. 그 결과 그들은 세계 무대에서 가장 뛰어난 업적을 보이는 민족으로 평가받는다. 시험을 잘 보는 것이 인생의 끝이 아니다. 하나의 시험을 통과한 이후에는 무수한 실무와 공부, 업무가 개인을 기다린다. 긴 인생의 과정에서 우리가 진짜 준비해야 할 지식은 무엇인지 고민해야 할 때다.

우리가 진짜 준비해야 할 지식은 무엇인가?

시험은 돈이다

시험의 기술을 생산하고 유통시키며
소비하는 전 과정은 이미 산업이 되었다

좋은 기술을 배워 높은 점수를 얻기 위해
돈이 필요한 시대

표준화 시험
중산층 이상의 자녀들에게 유리한 시험
아이들을 점수로 한 줄로 세울 뿐 아니라,
그 점수가 부모의 경제력에 영향을 받는다
시험 기술이 성적에 많은 영향을 미칠수록
사교육 규모는 비대해진다

"시험 성적의 변수 중 가장 중요한 요인은 가족의 소득입니다.
가난할수록 성적이 낮고, 부유할수록 성적이 높죠."

교육의 악순환은 끊어져야 한다

돈으로 교육을 산다

부富는 여러 가지 방식으로 대물림된다. 부는 기본적으로 유산의 형태로 자녀에게 상속된다. 그리고 교육이 중요한 역할을 하는 현대 사회에서, 부는 교육을 통해 간접적인 방식으로 대물림되기도 한다. 현대 사회에서, 학업성취의 수준은 사회경제적 지위 획득에 중요한 역할을 한다. 오직 교육이 신분상승의 거의 유일한 수단인 사회에서도 그렇고, 이미 선진국의 반열에 오른 유럽 등의 국가에서도 마찬가지다.

교육을 통해 사회경제적 지위가 세습되는 형태는 다양하다. 경제학자 게리 베커는 각 가정에서 자녀의 학업성취 수준을 높이기 위해 투자할 수 있는 자원의 양이 차이가 나기 때문에 부모의 사회경제적 지위는 자녀에게 대물림이 될 가능성이 높다고 말했다. 즉, 그의 주장은 가정의 사회경제적 자원이 인적 자본 창출에 결정적인 영향을 미치고 있다는 것을 의미한다. 사회학자 피에르 부르디외는 물질적 자본뿐 아니라 문화 자본이 존재하며, 상위 계층은 물질 자본을 통해 하위 계층을 통제할 뿐만 아니라 취향이나 선호, 예술과 문화에 대한 지식 등의 문화 자본을 통해 상위 계층과 하위 계층의 위계를 만든다고 하였다. 이 과정에서 교육은 문화 자본을 세습하는 중요한 장치가 된다.

2001년, 미국에서 「아동낙오방지법」이 발의되었다. 이 법의 핵심 내용은 3학년에서 8학년 사이의 모든 학생들에게 표준화된 시험을 치르게 하여 실력을 평가해야 한다는 내용이었다. 당시 교육 관료이자 현재 뉴욕대 교육학 교수인 다이앤 라비치는 이 법의 강력한 지지자였

미국에서 발의된 「아동낙오방지법」. 다이앤 라비치 교수는 이 법안의 강력한 지지자였다.

다. 하지만 5년 후, 그는 180도 입장을 바꾸게 된다. 표준화 시험을 통해 아동의 낙오를 막아보려 했던 그의 의도는 실패했다. 이 정책의 시행을 통해 확인하게 된 것은, 아동 시험 성적의 변수 중 가장 중요한 요인이 가족의 소득이라는 것뿐이었다. 가난할수록 성적이 낮았고, 부유할수록 성적이 높았다.

"집에서 책을 읽고 컴퓨터로 지식을 습득하며 여행을 하고, 여러 대화와 다양한 어휘들이 오가는 가정 환경의 학생들은 그렇지 못한 가정 환경의 학생들보다는 우위에 서 있습니다. 표준화 시험은 가진 자를 선호하며 가지지 못한 이를 냉대합니다. 가장 중요한 평

가는 바로 학생들을 매일, 매주마다 관찰하며, 학생들의 학교 생
활에 완전히 관여하고 있는 교사에 의해 이루어지는 평가라고 생
각합니다. 하지만 표준화 시험은 그렇지가 않습니다."
—다이앤 라비치(전 미국 교육부 차관보, 뉴욕대학교 교육학 교수)

그리고 이같은 상황은 미국에 국한된 것이 아니다. 굳이 '초·중생의
70퍼센트가 사교육 경험이 있다'거나 '한국의 사교육 시장은 20조에
이른다' 하는 자극적인 문구나, 전문적인 통계 자료를 인용하지 않아
도 모두가 체감하는 상황이다. 언론 보도를 보면 특수목적고 재학생
이나, 명문대 입학생의 사회적 배경을 다룬 기사들이 자주 올라온다.
세부적인 수치와 맥락은 다르지만, 모두 동일한 이야기를 하고 있다.
한국 사회의 입시에서는 돈은 확실한 영향력을 행사한다. 왜 같은 교
육을 받아도 시험 성적이 돈에 의해 좌우되는 것일까.

아주 단순한 차원에서, 돈은 교육을 위한 자원이 된다. 교재 사는
비용도 돈이고, 사교육비도 돈이다. 또한 인간은 좋은 환경에서 자신
의 잠재력을 극대화할 수 있다. 자녀의 대입 시험 성공을 위해 아예
명문고 근처로 이사를 가서 자녀 뒷바라지에 전력을 다하는 중국의
가정에서부터 노량진에서 더 나은 삶을 꿈꾸며 공부를 하는 한국의
대학생에 이르기까지, 애초에 돈이 없으면 기회를 제대로 잡기가 힘들
다. 학력 경쟁이 첨예화된 현대 사회에서, 경쟁에서 승리하기 위한 자
원은 중요하다. 빠른 경제성장을 이룬 대한민국은 극빈국에서 벗어났
지만, 여전히 초·중·등 과정에서 급식비를 내지 못하는 학생들이 존

재한다.

이렇게 돈의 문제는 입시뿐 아니라, 이후 성인 교육 과정에서도 많은 영향력을 미친다. 영어 시험을 준비하는 것도 돈이 필요하며, 공무원 시험을 준비하는 것도 돈이 필요하다. 시험 기간을 얼마나 견딜 수 있으며, 그동안 얼마나 안정적으로 자원을 소비할 수 있는지는 시험의 성패에서 중요한 영향을 미친다. 자본주의 사회에서 돈은 곧 기회와 직결된다. 그리고 유난히 한국에서 그 영향력이 두드러진다.

돈으로 사는 시험의 기술 : 사교육

"표준화 시험은 중산층 이상의 자녀들에게는 유리한 시험이죠. 모국어를 쓰고, 각종 사교육을 감당할 여유가 있는 부모가 있으며 환경이 좋은 학교에 다니는 아이들이 유리해요. 표준화 시험 점수는 기본적으로 부모의 사회경제적 상태를 반영하죠. 그렇다면 도대체 뭐가 공정하다는 거죠?"

–로버트 스턴버그

기본적으로 '시험'이라는 형태의 학업성취평가는 환경이 좋은 학생들에게 유리한 구조다. 현행의 지식 축적을 평가하는 표준화 시험도 그렇고, 다른 '역량'을 구체적으로 평가하는 시험에서도 마찬가지다. 하지만 그중에서도 유난히 표준화 시험에서 사교육이 강력한 영향력

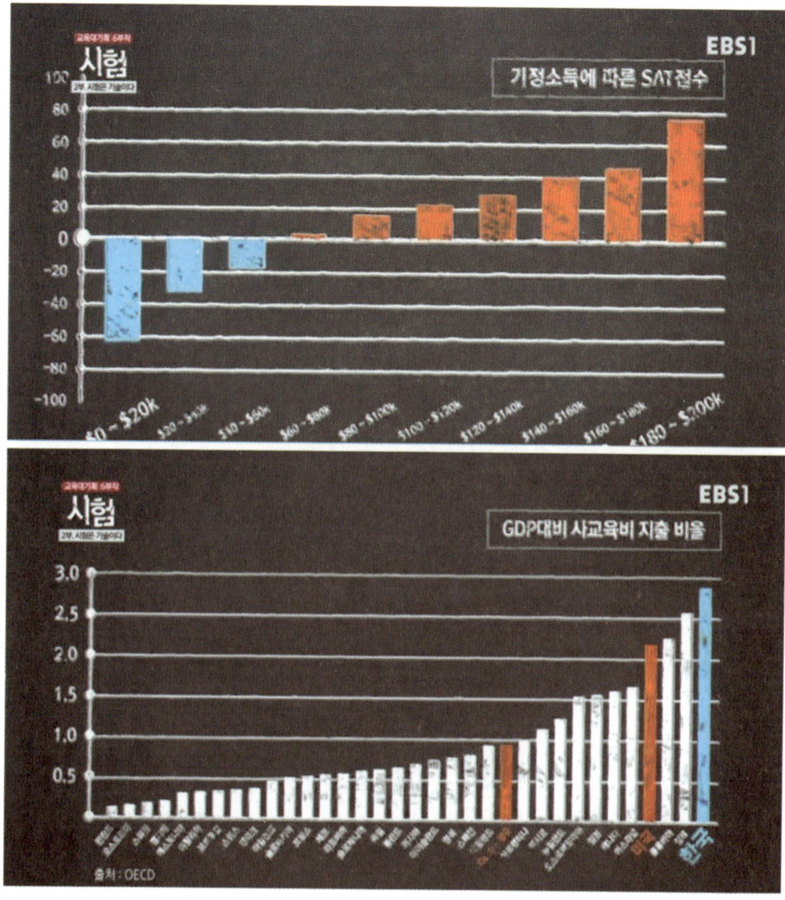

표준화 시험은 중산층 이상의 자녀들에게 유리한 시험이다. 경제적 여유가 있을수록, 사교육이 투입될수록 학생들은 높은 성적을 나타냈다.

을 발휘한다.

　시험의 기술이 성적으로 나타난다는 앞선 내용을 생각해볼 때 공짜로 시험의 기술을 배울 수는 없는 일이다. 만약 공교육이 그러한 시험의 기술과 패턴 파악의 방법을 충분히 가르친다고 해도, 이것은 결국 교육 자체의 문제라기보다는 경쟁의 문제다. 돈으로 움직이는 사교육은 좀 더 효과적인 시험의 기술을 개발할 것이고, 그 과정에서 돈은 그만큼의 역할을 할 것이다. 방대한 시험 범위의 내용을 샅샅이 분석하여 패턴을 찾고 정답을 골라내는 훈련이 사교육을 통해 이루어진다. 또한 사교육은 시험의 맹점과 빈 공간을 찾아서 파고든다. 학생들의 선행학습과 반복학습을 보조하며, 더 많은 그리고 더 효과적인 시험 전략을 제공한다.

　그리고 더욱 문제가 되는 것은, 사교육은 공교육이 부재하는 영역을 선점한다는 것이다. 어쩌면 지금 당장은 눈에 띄지 않을지 몰라도 이쪽이 돈의 힘을 더 확실하게 보여주는 영역일지도 모른다. 사교육을 통해 만들어진 차이는 생애 과정을 통해 누적될 것이다. 좋은 사교육을 받은 학생은 좋은 대학에 진학하여 더 많은 교육 기회를 얻을 것이다. 이러한 자원은 대학 졸업 이후 취직 과정에서도 영향력을 행사할 것이며, 그 이후의 삶에도 영속적인 영향력을 미치게 된다. 그럼 우리는 이 현상을 그저 보고만 있어야 할까?

표준화 시험을 바라보는 세계의 눈

시험은 변할 수 있을까?

창 교수의 '시험 잘 보는 유전자' 발표 이후
대만에서는 변화가 일어났다
대만은 2014년부터, BCT를 CAP로 바꿨다
변화의 주된 이유는 '학생들의 부담을 덜어주자'

"시험의 목적이 바뀌고 있습니다.
 지금의 시험은, 과거에 행했던 선별의 목표보다
 어떤 식으로든 학생의 학업에 도움을 주어야 한다는 것에
 중점을 두고 있습니다."

미국에서 일어나는 변화의 움직임

우리가 우리의 학교를 지켜야 합니다
"누구의 학교죠? 우리의 학교"
"누구의 아이들이죠? 우리의 아이들"
"누구의 도시죠? 우리의 도시"

지혜로운 인간이란 질문을 하는 인간이지,
정해진 답을 맞히는 사람이 아닙니다

우리에게 던져진 질문
우리는 시험으로 무엇을 측정해야 하는가

표준화 시험은 왜 생겨났을까

시험은 원래 실력을 평가하기 위한 것이다. 하지만 현재의 시험 시스템은 다양한 취약점을 보여주고 있다. 순수한 실력보다 시험 자체를 더 잘 보는 사소한 기술이나 시험의 패턴에 대한 익숙함이 점수에 더 큰 영향을 미치고 있다. 또한 돈이나 유전자 같은 '개인의 노력 범위 외의 선천적인 변수'가 시험에 영향을 미치기도 한다.

일반적으로 시험이라는 말을 들을 때 떠오르는 시험은 대부분 표준화 시험이다. IQ 테스트, 한국의 수능, 미국의 수능이라고 할 수 있는 SAT, 토익은 모두 표준화 시험에 속한다. 표준화 시험이란 시험의 일관성과 타당성에 최대한 초점을 맞추어 서로 다른 사람의 특정한 능력을 표준화된 점수로 산출하여 서열화하기 위한 시험이다.

표준화 시험의 시초는 1900년 대 초반, 미국에 유입된 대규모의 이민자들에 대한 우려 때문에 탄생하게 되었다. 유럽 등지에서 모여든 이민자들이 미국에 살 자격이 있는지를 알아보기 위해 더 엄격한 조치와 규정이 필요했고 이런 조치들 중 하나가 바로 표준 검사였다. 50여 개의 다른 언어로 말하는 이민자들을 위한 적합한 형태의 표준 검사를 찾아야 했고 이민이 절정에 달했을 때, 이민자 무리들을 평가하는 데에 적합하다고 생각되는 일정 형태의 검사를 앨리스 섬에서 시행했다. 전염병 위험을 알아보는 건강 검사 실시와 함께 지능 검사 역시 실시되었다.

앨리스 섬에서 이루어진 초기 표준화 검사는 이후 진화되어 1910년

시험에서 중요하게 평가받는 것은 일관성과 타당성이다. 그래서 표준화 시험이 영향력을 발휘한다.

대와 1920년대에 지능 개발 테스트로 이어진다. 이때는 1차세계대전이 일어난 시기로 전쟁에 나갈 200만 명의 신병들을 모집하면서 누가 장교감이고 누가 최전선에 보내질 재목인지를 신속하게 결정해야 하는 필요성으로 지능 테스트가 개발되었다. 1차세계대전 이후, 이 지능 테스트는 학교로 투입되어 대학을 진학할 아이들과 공장 혹은 농장에서 일할 아이들을 구분 짓는 데 쓰였다. 유행처럼 번져 교육 현장에 투입된 지능 테스트는 이후, 몇몇의 검사로 인생을 결정한다는 검사의 타당성 자체에 오류가 있음이 밝혀졌다. 또한 100년 전에 개발된 표준화 시험을 현대에 적용하기에는 많은 문제점들을 안고 있다.

하지만 이러한 우려에도 불구하고 표준화 시험을 적용하는 것은 많은 편의성이 존재하기 때문이다. 표준화 시험은 대체로 다지선다형 객관식으로 출제된다. 서술형 주관식은 해석의 여지가 많아 쉽게 표준화하기 힘들기 때문이다. 이를 채점하는 과정에서 논란과 막대한 비용이 들고 이를 보완할 수 있는 사회적 시스템이 필요하다.

"정책입안자들이 표준화 시험에 초점을 맞추는 까닭은 데이터와 측정 방법을 신뢰하기 때문입니다. 해석에 대한 이견을 없애고 견고하고 객관적인 데이터를 얻을 유일한 방법은 표준화 시험을 거치는 것뿐입니다."

―다이앤 라비치

대규모의 교육이 이루어지고 선별 과정을 거쳐 기초 지식을 공부하는 과정에서 표준화 시험은 가장 합리적인 선택일 수 있다. 그래서 이 시대는 표준화 시험이 독점적 권위를 가지고 있다. 하지만 표준화 시험의 독점은 교육의 몇 가지 본질적인 가치를 놓치고 있다.

표준화 시험의 한계를 극복하기 위해

시험의 기술과 관련된 문제는 표준화 시험의 딜레마를 보여준다. 물론 모든 종류의 시험에는 시험의 기술이 개입될 수 있지만, 표준화 시험의 경우에는 시험의 기술이 개입될 여지가 더 크다. 표준화 시험은 인간의 역량을 객관적으로 평가하기 위해 개발되었지만, 그 자체로 완벽한 객관성을 담보하지 못한다. 시험의 기술이 개입하는 것만이 표준화 시험의 결과를 오염시키는 것은 아니다. 결국 표준화 시험도 인간이 만드는 시험이기 때문에 불완전할 수밖에 없다. 이러한 한계에도 불구하고 표준화 시험을 객관적인 시험으로 여기는 것은 위험한 일이다.

이외에도 표준화 시험은 다양한 문제를 가지고 있다. 먼저, 표준화 시험은 학생들이 습득한 지식 외의 것들에 대해 알고자 하지 않는다. 학생들이 어떠한 방식으로 배운 내용을 정리했는지, 혹은 자신의 사고를 문제해결 과정에 어떠한 방식으로 사용했는지에 대해 알 수 없다.

또한 이 시험은 학생들의 창의성을 파악할 수 없다. 창의성은 표준화 시험이 판별할 수 없는 가장 기본적이고 중대한 가치다. 주어진 문제에서 주어진 네다섯 개의 답안 중에 하나를 골라야 하는 시험에서 창의성을 평가할 수 없다. 그리고 이러한 시험이 지금처럼 독점적인 역할을 하고 있다면, 교육 과정 전체에서 창의성을 키우는 일은 아주 어려운 일이 될 것이다. 비판적인 정신은 창의성과 깊이 연결된다. 그리고 인생의 문제를 해결하는 데 있어 비판적이고 창의적인 정신은 매우 중요하다.

"만약 인생도 다지선다 문제처럼 보기가 주어지고 그중 하나를 고를 수 있다면, 그런 시험도 괜찮겠죠. 하지만 인생에서 겪는 많은 과제들은 그저 질문을 할 뿐이지 1,2,3,4의 선택지를 주진 않죠. 네 개 중 잘 고르면 좋은 점수를 받고 아니면 나쁜 점수를 준다? 하지만 인생은 결코 그런 식이 아닙니다."

표준화 시험의 비판자인 로버트 스턴버그 교수의 말이다. 그는 시험 자체에 대해서는 찬성하는 입장이다. 그의 말에 따르면, 문제는 '우리가 활용하는 시험이 어떤 시험인가'가 중요하다. 실제 삶의 문제해결을 위해 필요한 역량은 분석적이고 기초적인 지식 외에도, 창의성, 상식, 지혜 등이 필요하다. 하지만 표준화 시험은 그러한 것들을 제대로 평가하지 않는다. 그리고 표준화 시험이 독점하고 있는 현재의 교육 상황에서 그러한 중요한 가치들은 제대로 교육되고 평가받지 못한다. 우리가 막연하게 생각하듯 창의성과 지혜는 타고나는 것이 아니다. 그것은 잠재된 역량이 교육 과정 속에서 훈련되고 구체적인 열매

표준화 시험에서 많이 쓰는 객관식 시험은 다지선다 문제에서 하나의 정답을 강요한다.
하지만 우리의 인생에서는 하나의 정답만으로 살아갈 수 없다.

를 맺는 것이다.

또한 표준화 시험은 개별성을 무시한다. 인간의 역량은 단순하게 평가내릴 수 없다. 누군가의 언어능력은 창의성과 결합된 형태로 존재할 수도 있고, 다른 누군가의 언어능력은 수학적 논리력과 결합된 형태로 존재할 수도 있다. 하지만 표준화 시험은 시험을 본 모든 학생들을 몇 가지 임의적이거나 획일적인 틀 안에 가두어 평가한다. 이것은 인간의 다양한 잠재력을 인정하지 않는 것이다.

더 나은 시험을 향한 구체적인 움직임

2015년 3월, 뉴욕에서는 표준화 시험을 반대하는 대규모 시위가 열렸다. 시위의 참가자들은 줄 세우기식 표준화 시험은 아이들 교육에 도움이 되지 않는다고 주장했다. 이 시위는 미국 내에서 힘을 얻어가고 있다. 2014년에는 5퍼센트의 학생들만이 시험을 거부했지만, 2015년에는 20퍼센트의 학생들이 시험을 치르지 않았다. 이는 전미에서 22만여 명의 학생들이 시험을 거부한 커다란 사건이며, 교육의 하나의 전환점이 되었다. 이 운동을 지지하는 다이앤 라비치 교수는 이렇게 말했다.

"지혜로운 인간은 질문을 던지는 사람이지, 답만 쓰는 사람이 아닙니다. 시험은 다른 누군가의 질문들이죠. 하지만 학습자로서, 학

뉴욕에서는 표준화 시험을 반대하는 대규모 시위가 일어났다.

생으로서, 학자로서 던져야 할 올바른 질문을 밝혀낼 수 있을까요? 표준화 시험에서는 오직 미리 준비된 답만을 원하죠. 평준화 시도는 아마 우리 자녀들이 원하는 종합적인 지식을 갖추지 못한 사람들에 의해 설계됐을 겁니다."

지식은 현재에도 중요하지만 미래에는 더욱 중요한 일이 될 것이다. 아이들이 진정으로 지식을 탐험할 수 있게 하려면 아이들 스스로가 가능한 일을 수행하고 입증하게 해야 하는 것이지, 시험으로 그들을 줄 세우는 것으로는 할 수 없는 것이다.

대만의 교육 과정 개혁도 표준화 시험 극복의 문제에 많은 시사점을 준다. 대만은 2014년부터 현재 고교입시 과정에서 표준화 시험인 BCT의 비중을 줄이고 CAP를 도입하였다. 현재 대만의 고등학교들은 BCT의 시험 점수를 등수별로 줄 세우기 위한 목적이 아닌 참고 기준으로만 사용하며, 중학교 내신 성적과 교외 활동을 고려하여 학생들을 선발한다. 이런 변화가 일어난 것은 창 교수의 '시험 잘 보는 유전자 연구'가 중요한 영향을 미쳤다. BCT의 점수가 유전자에 의해 결정된다면, BCT는 실력을 제대로 평가하는 시험이라고 볼 수 없다. 그리고 실력을 제대로 평가하지 않는 시험이 지배하는 교육 과정은 위험한 교육 과정이라고 판단한 것이다. 창 교수는 이런 변화에 주목해야 한다고 말했다.

"대만의 많은 사람들은 제 연구를 접하고는, 시험이 학생들의 능력을 나타내는 유일하고 중요한 지표가 될 수 없다고 생각했습니다. 학부모들은 더 이상 아이들에게 부담이 되는 시험을 원치 않게 되었습니다."

변화를 바라는 목소리는 대만의 시험 제도를 바꾸었다.

"지금의 시험은, 선별보다 어떤 식으로든 학생의 학업에 도움을 주어야 한다는 것에 중점을 두고 있습니다. 지금 대만에서는 이와 같은 변화가 일어나고 있습니다."

　　　　　　　　　—짱팬란(BCT 개혁 책임자, 전 대만대학교 사회학과 교수)

하나의 시험으로 아이들을 객관적으로 평가할 수 있다는 것은 착각이며, 표준화 시험에 등장하는 객관식 문제조차도 객관적인 평가를 하는 것은 아니다. 시험은 완전하지 않으며, 시험을 통해 평가할 수 있는 것은 시험자들의 대략적인 수준이다. 하지만 현재의 표준화 시험은 1, 2점 차이로 시험자들의 '역량'을 평가한다. 1, 2점 차이는 당일의 컨디션, 시험에 대한 익숙함, 유전자, 환경 등의 외부적 차이에 의해 손쉽게 갈리는 사소한 차이지만, 표준화 시험은 이를 객관적인 역량의 차이로 인식하게 만든다.

지금 당장 표준화 시험을 완전히 폐기할 수는 없다. 이러한 단점들에도 불구하고, 표준화 시험은 나름대로의 존재 이유를 가지고 있기 때문이다. 하지만 현재의 표준화 시험 독점 체계는 극복되어야 할 문제다. 사회는 급변하고 있고, 이전의 어느 시대보다 창의성과 비판 정신, 그리고 다양한 상상력이 중요해지고 있다. 미래를 위한 다양한 가치들을 평가할 수 있는 시험과 그러한 가치들이 존중받을 수 있는 새로운 교육과 시험 정책이 필요하다. 표준화 시험이 가진 장점인 일관성과 타당성, 공정성을 유지하면서도 더 많은 실력들을 평가할 수 있는 시스템을 점진적으로 도입하여야 한다.

미국과 대만의 새로운 움직임들은 이러한 변화의 가능성을 보여준다. 여전히 대학이 이후의 삶에서 가장 중요한 요소 중 하나로 존재하며, 국민의 다수가 대학에 진학하는 대한민국의 상황에 맞는 새로운 시험 제도를 고민해보아야 한다.

이러한 새로운 시험 제도를 고민하는 데 있어 핵심적인 질문은 이것이다. "우리가 측정하고자 하는 것은 정당한가?" 이 핵심 질문은 다양한 다른 질문들로 이어질 것이다. "우리는 무엇을 측정해야 하는가?", "우리가 측정하려고 하는 것을 어떻게 보아야 할 것인가?" 미래는 우리의 생각보다 가까운 곳에 와 있다. 우리는 빠르게 이 질문들에 대해 준비하고 답해야 할 것이다.

우리는 시험을 통해 무엇을 측정해야 하는가?

Part 3

정답의 역설, 서울대 A$^+$의 비밀

베스트 러너 프로젝트 :
서울대 우등생의 공부 비법

서울대학교

대한민국 최상위 1퍼센트
대한민국에서 가장 우수한 학생들이 들어가는 곳

"서로의 의견에 대해서 묻고 토론하는 수업을 굉장히 좋아해요.
 최대한 모르는 것에 대해서는 많이 질문하려고 노력해요."

호기심 많고 뛰어난 발상으로
고등학교를 조기 졸업하고 대학에 들어간 아이

하지만
전공 평점 2.66
아무리 공부해도 좋은 학점이 나오지 않는다

머리도 좋고 공부도 열심히 하는 학생의 성적이 낮다면,
대체 서울대학교에서는 누가 A⁺학점을 받는 걸까?

서울대에서는 누가 A⁺를 받을까?

한국에서 정규 교육 과정을 받고 이것을 평가하는 시험에서 가장 우수한 성적을 보여준 학생들이 서울대학교에 입학한다. 하지만 이렇게 우수한 학생들이 모인 서울대의 학생들 중에서도 누군가는 서울대의 우등생이 되고 누군가는 서울대의 낙제생이 된다. 수재 소리를 듣고 특수목적고를 조기 졸업해서 서울대에 입학한 학생이 낙제 수준의 학점을 받는가 하면, 평범하고 성실한 우등생으로 인문계 고등학교를 졸업한 학생이 서울대의 우등생이 되기도 한다. 그렇다면 어떤 학생이 좋은 학점을 받고 어떤 학생이 나쁜 학점을 받게 되는 걸까?

탐구하는 것을 좋아하고 토론하면서 문제를 해결하는 과정을 좋아하는 건이는 공부하는 것이 즐겁다. 치열한 과정 속에 얻어낸 자신만의 생각을 발견하면 그 기쁨은 더욱 크다. 12년 학창 생활 동안 항상 뛰어난 학생이었던 건이는 대학교에 들어오고 나서는 자신의 실력을 의심하게 되었다. 공부 결과의 지표인 학점이 항상 낙제점에 가까운 바닥이었기 때문이다. '왜 열심히 공부하는데도 성적은 좋지 않을까?' 오늘도 건이는 고민스럽다.

이러한 학점에 대한 고민이 건이 혼자 안고 있는 문제일까? 서울대학교 교수학습개발센터에 근무하던 이혜정 교수는 서울대학교에 입학하였으나 낮은 학점으로 고민하는 학생들을 도와주기 위한 프로젝트를 진행했다. 연구의 구체적인 목적은 높은 학점을 받는 학생들의 공

전공학점	전공평점	성적구분
9	2.66	누
3	2.7	누

탐구하는 것과 토론하면서 문제를 해결하는 과정을 좋아하지만 성적은 항상 낙제점에 가깝다.
왜 열심히 공부해도 성적은 오르지 않는지 고민스럽기만 하다.

부법을 분석하여 학점이 낮은 학생들에게 조언을 해주는 것이었다.

"학생의 학점이 낮은 경우, 최선을 다해서 공부를 하지 않았기 때문이라고 생각했는데 아니더라고요. 많은 학생들하고 얘기를 해보니까 '해도 안 돼요.', '어떻게 해야 될지 모르겠어요.', '너무 어려워요.' 이런 얘기들을 많이 했어요. 서울대는 우리나라 최고 학생들이 모였는데도 그렇게 어려워하는 것을 보고 그러면 학점을 잘 받는 아이들을 분석해서 그들의 공부법을 알려주면 도움이 되겠다는 생각으로 연구를 시작했습니다."

베스트 러너 프로젝트

이혜정 교수는 '서울대 우등생들의 공부 방법'을 밝히기 위한 이 연구를 '베스트 러너 프로젝트'라고 명명하고 연구를 진행했다. 먼저 이 교수는 서울대 2,3학년 재학생 중에 '두 학기 연속으로 평점 4.0을 넘긴 150명의 학생들'을 주요 연구 대상으로 삼았다. 어쩌다 한 번 4.0을 받은 경우보다 연속 두 학기 이상 최고 학점을 받은 경우에서 보다 일관성 있고 신뢰성 있는 학습법을 추출할 수 있을 것이라고 생각했기 때문이다. 이 교수는 연구의 목적과 계획을 담아 학생 150명 전부에게 이메일을 보냈고, 46명이 연구에 참여하겠다는 의사를 밝혔다. 그녀는 최고학점자 46명을 바탕으로 수업 태도나 공부 방법, 생활 습관,

가정 환경 등에 관한 광범위한 인터뷰를 진행하고 이를 영상으로 기록했다.

이러한 최고학점자들의 인터뷰를 기반으로 서울대 학생 전체의 학점에 따른 공부 패턴을 분석하기 위하여, 별도로 서울대 전체 학생을 대상으로 설문조사를 실시하여 1,213명의 데이터를 수집하였다. 이렇게 모은 데이터를 바탕으로 우등생의 패턴을 전체의 패턴과 비교하여 '좋은 학점을 받기 위한 패턴'을 명확하고 통계적으로 분석할 수 있었다.

드디어 나온 서울대에서 A+ 맞는 비법! 하지만 결과는 우리가 생각해왔던 '교육적 가치'와 정면충돌했다. 충격적인 결과에 이 교수는 연구 결과를 배포하지 못했다. 과연 결과는 무엇이었을까?

> "좋은 학점을 받는 학생들은 공통적으로 교수의 말을 한 마디도 빼놓지 않고 필기를 하고, 이러한 필기를 바탕으로 강의 내용을 모두 완벽하게 암기하였으며, 수업에 대해 생각하고 분석하여 비판적인 태도를 갖기보다는 수용적인 태도로 교수들의 생각을 흡수했다. 그런 결과 우수한 학점을 받았다."

이것이 베스트 러너 프로젝트의 연구 결론이다. 좋은 학점을 받는 방법은 비교적 명확했고, 실제로 이러한 공부 방법으로 높은 학점을 받는 데 성공한 서울대 학생이 대다수였다.

베스트 러너 프로젝트의 원래 목적은 학교 수업에서 낮은 학점을 받는 학생들에게 높은 학점을 받는 학생들의 공부 방법을 가르쳐주어

그들이 높은 학점을 받도록 학습 욕구를 키우고, 수업에 잘 적응할 수 있게끔 도와주는 것이었다. 하지만 결과는 전혀 예상치 못한 내용이었다. 대한민국에서 가장 우수한 학생들이 단순히 '필기와 암기를 열심히 하고, 수동적인 학습 태도로' 좋은 학점을 받고 창의적인 학습을 하지 못하는 것은 교육이 나아가야 할 이상적인 방향과는 거리가 먼 일이다.

좋은 학점을 받는 것은 중요한 일이지만, '학점 따기의 테크닉'을 통해 좋은 학점을 받는 것은 교육적 가치와는 맞지 않다. 이를 통해 국가적 문제를 해결할 수 있는 인재를 양성할 수 있는지도 미지수다. 이러한 현상은 한국과 미국의 문화적 차이에 기인하는 일일까? 아니면 교육 철학과 정책, 교육이 나아가야 할 바와 직접적으로 관련된 것인지를 분석하는 것이 필요했다.

한국의 교육 모델은 어떻게 되고 있는 것일까? 시험의 평가 과정과 관점은 교육의 핵심적 문제이다. 아이들에게 생각하는 힘을 길러주고 상위 학생들에게는 고도의 지식을 익히고 최상의 연구 결과를 도출해 낼 수 있게 뒷받침해주는 것이 교육의 역할이다. 하지만 그 과정을 가로막는 평가가 이루어진다면 우리는 다시 돌아봐야 한다. 그 여정을 함께 하기 위해 문제의식의 형성과 해결 방안에 대한 공감대가 필요했다. 베스트 러너 프로젝트에서 우리는 다시 그 고민의 해결점을 찾기로 했다.

베스트 러너 프로젝트 : 서울대 재학생들과 우등생들의 공부 비법을 분석해 나온 충격적인 결과.
교육에 대한 우리의 고민이 시작되었다.

A⁺ 공부법, 받아 적고 암기하라

A⁺학점을 받는 확실한 노하우

노트 받아 적기

교수님이 하시는 말씀을 토씨 하나 안 빼놓고 다 받아 적어요
노트북으로 하루 종일 그 내용들을 타이핑하고 있어요

강의 전체 녹음하기

수업 시간에 핸드폰 녹음기 켜놓고 녹음을 해놔요
그리고 나중에 수업 끝났을 때나 시험 기간 됐을 때
다시 녹음 내용 들으면서 필기를 정리해요

앵무새 되기

학점을 잘 받으려면 앵무새가 되어야 해요, 의문을 갖지 않으면 돼요
교수님이 이 부분에서 어떤 맥락에서 농담을 하셨는지까지 적어요

그대로 통째로 외우기

시험 기간엔 이걸 외우는 것이 시험 공부예요

강의 내용을 빠짐없이 모두 받아 적고 암기하는 것은
서울대 학생들 누구나 인정하는 A⁺ 비법

서울대 A⁺비법을 공개하라

베스트 러너 프로젝트의 최초 목표는 '낮은 학점을 받는 서울대 학생들을 도와주는 것'이었다. 이를 위해 이혜정 교수는 '어떤 학습 방법을 가진 학생이 좋은 학점을 받는가?'를 조사하였다. 이혜정 교수는 46명의 학생들과 심층 면접을 진행하며 추출된 학습 태도인 필기, 암기, 강의에서 공통적인 키워드를 발견한다. 필기, 암기, 강의는 본질적으로 한 가지 메시지를 이야기한다. '수업의 내용 자체를 수용적으로 받아들일 것'.

1. 필기

"중간에 놓치는 게 있을 수 있어서 일단 다 적어놓은 다음에 다시 보면서 모르는 부분은 인터넷을 찾아서 하루 종일 타이핑해요. 교수님이 하시는 말씀은 어느 정도까지가 아니라 들리는 것은 빠짐없이 다 받아 적어요."

연구에 참여한 한 학생은 이렇게 대답했다. 이 학생뿐 아니라 여러 학생들이 필기의 중요성을 이야기했다. 46명의 학생들 중 40명의 학생이 강의 전부를 '토씨 하나 빼놓지 않고' 받아 적는다고 응답하였다. 어떤 학생은 '강의를 통째로 녹취하기도 한다'고 응답했다.

노트 필기를 열심히! 모든 수업 내용을 다 받아 적는다.

필기로 강의 내용을 정리하는 것은 학점을 위해서나 공부를 위해서나 중요한 일이다. 하지만 '강의 내용 전체'를 필기하는 것은 다른 의미로 다가온다. 한 학생은 교수가 말을 시작하면 학생 모두가 노트북으로 받아 적다가, 강의를 멈추면 받아 적는 소리도 바로 멈춘다고 이야기하였다. 다른 학생은 교수의 농담까지 받아 적는다고 응답했다.

여기서 중요한 것은 강의를 '전부' 받아 적는 것이다. 키워드를 중심으로 자신이 내용을 정리해나가는 방식이 아니라, 세세한 부분을 포함해서 강의 내용 전체를 받아 적는 것이다. 노트 필기 습관과 학점은 정비례하고 있었다.

2. 암기

'기본적으로 많이 외우고 많이 기억하려고 노력을 한다. 그다음 정리를 해서 어떤 것의 특징 다섯 가지 하면 다다다 나올 수 있도록' 필기와 녹취를 통해 기록한 강의 내용을 숙달될 때까지 암기한다. 특이한 것은 강의 내용의 키워드를 잡고 키워드 중심으로 암기하는 것이 아니라 강의 전체를 암기하는 것이다. 연구를 진행한 이혜정 교수는 이것을 '예상치 못한 뜻밖의 일'이라고 이야기했다.

> "너무나 많은 아이들이 공통적으로 교수님의 말을 한 마디도 빼놓지 않고, 그것도 문장의 형태로 적고 있었고 절대 요점정리나 키워드를 적어서는 안 된다고 응답한 것이 뜻밖이었어요. 우리 연구진들은 아무도 아이들이 그렇게 전사轉寫하다시피 통째로 받아 적은 노트필기로 학점을 잘 받았을 거라고 생각하지 못했습니다."

이혜정 교수와 연구진들은 학점을 잘 받는 학생들이 전체를 통째로 암기하는 방식으로 학점을 잘 받는 것에 큰 놀라움을 표시했다.

연구에 참여한 서울대 우등생들 중 상당수가 이러한 암기를 위해 '2차 필기'를 한다고 응답했다. 강의 시간에는 교수의 농담까지 다 받아 적는 1차 필기를 하고, 수업이 끝나고 복습을 할 때 이를 바탕으로 중요한 내용을 도식화하고 구조화하는 2차 필기를 하는 것이다. 수업 내용을 필기하고 복습하는 것은 공부에서 중요한 일이지만 '원활한

필기, 암기, 수용. 이것이 학점을 잘 받기 위한 키워드였다.

암기'만을 위한 필기와 2차 필기, 복습 등이 이루어진다는 것은 우리가 안고 있는 교육의 문제를 여실히 드러낸다.

3. 수용

이혜정 교수는 학생들에게 이러한 질문을 던졌다.

"너에게 굉장히 좋은 아이디어가 있는데 교수님과 생각이 달라. 그런데 네가 생각하기에 네 아이디어가 더 좋은 것 같아. 그러면 너는 그것을 시험이나 과제에 쓸 것 같아?"

"절대 안 되죠. 교수님 의견 써야죠. 교수님의 분석과 해석을 좀
더 쓸 거 같아요. 남들은 다 하지 않는데 굳이 시도를 할 용기는
나지 않을 것 같아요."

그럼 학생들의 생각이나 의견은 어디로 가는 것일까? 이혜정 교수
가 46명의 최고학점자들에게 이러한 질문을 했을 때, 41명이 교수의
의견을 적고 자신의 의견을 포기한다고 응답했다. 또한 자신의 수업
태도와 사고력이 비판적이거나 창의적이라고 대답한 경우보다 수용
적이라고 대답한 학생들이 더 좋은 학점을 받았다. A$^+$를 받은 학생의
68퍼센트가 자신의 수용적 사고력이 비판적 사고력보다 높다고 응답
했고, 72퍼센트가 자신의 수용적 사고력이 창의적 사고력보다 높다고
응답했다. 비판적이고 창의적인 학습 태도는 곧 낮은 학점을 의미했다.

생각하지 말고 받아들여라

수많은 교육자들이 비판적이고 창의적인 사고력의 중요성을 이야기
하며, 이를 향상시킬 수 있는 교육이야말로 이상적인 교육이라고 이야
기한다. 하지만 실제로 수업에서 높은 학점을 받는 학생들은 그와 반
대다. '베스트 러너 프로젝트'에 따르면, 강의 시간에 전달받은 내용

베스트 러너 프로젝트에 따르면, 강의 시간에 전달받은 내용을 모두
받아 적고 외워서 그대로 쓰는 것이 학점에 유리하다.

을 받아 적고 외워서 그대로 쓰는 것이 학점을 따는 데 유리하다. 하지만 교육은 상호적이어야 하고 활동적이어야 한다. 그래야 비판적이고 창의적인 사고력을 증진할 수 있고 문제해결능력을 키워줄 수 있다. 이상적인 강의의 풍경은 학생들이 강의 중에 떠오르는 생각들을 정리하고, 질문과 논쟁이 오가고, 학생들은 이를 통해 공부를 해 나가는 것이다. 강의 내용을 머릿속으로 정리할 시간에 모든 내용을 필사하고, 그렇게 필사한 내용을 외워서 시험을 준비하며, 실제 시험에서 그 내용을 그대로 옮겨 쓰는 것은 우리가 지향해야 할 학습과 거리가 멀다.

하지만 이혜정 교수의 연구 결과는 이러한 수용적 태도를 취하는 것이 좋은 학점 획득에 도움이 된다고 이야기한다. 왜 수용적 학습이 좋은 학점과 연결되는걸까? 이 문제는 학생 개인의 문제를 넘어 교육 현장의 문제와 직결된다. 한국의 교육과 시험 평가 제도가 이러한 상황을 만들어내는 것이다. 낮은 학점을 받는 학생들을 도와주려는 목적으로 시작된 베스트 러너 프로젝트는 원래의 목적을 넘어서 한국 교육이 처한 문제들을 추론해볼 수 있는 실마리를 제시하게 되었다.

베스트 러너 프로젝트의 주요 종속 변수는 학점이다. 학점은 특정한 평가 방식에 의해 매겨진다. '좋은 학점을 받은 학생'이 의미하는 것은 그가 훌륭한 학습자라는 의미보다는 특정한 평가 방식에서 좋은 점수를 받은 학생을 의미한다. 이것은 평가의 문제와 연결된다. 많은 대학들이 창의적 인재 육성을 이야기하지만, 실제로 창의성을 평가할 수 있는 시험을 기출하지 않는다. 서울대뿐 아니라 수많은 대학생들이 공통적으로 이런 이야기를 한다. '대학의 시험은 고등학교 시절의 시험과 다를 줄 알았는데, 외워서 써야 하는 건 똑같더라고요.' 이혜정 교수의 연구에서도 학생들은 비슷한 이야기를 했다.

> "고등학교 때도 계속 하던 것이고 고등학교 때 쪽지 시험 볼 때나 했던 것인데 대학교 와서도 똑같은 방법으로 공부하는구나, 하고 생각했어요."

이처럼 실제로 학점을 평가받는 학생들도 이 문제를 느끼고 있다. 물론 암기는 학습에서 중요한 일이다. 대학의 학부 과정은 기본적으로 해당 전공에 대한 개괄적인 이해와 관점을 배우는 과정이다. 학부

뿐 아니라 석사 과정도 부분적으로 그렇다. 학부 학생이 해당 전공에 대해 비판적이고 창의적인 관점을 가지기 위해서 수많은 기본 개념들을 암기하고 배워야 한다. 학부 시험이 기본 개념을 얼마나 잘 외우고 있는지를 평가하는 것은 부분적으로 정당한 일이다. 하지만 베스트 러너 프로젝트가 보여주는 결과는 이러한 부분적 정당성을 초월한다. '외우는 것도 중요하다'는 정도의 수준이 아니라, '외우는 것만'이 좋은 학점과 직결된다. 학생들은 유리한 고지에 오르기 위한, 좋은 학점을 받기 위한 하나의 전략으로 수용적인 학습을 선택할 수밖에 없다.

베스트 러너 프로젝트를 통해 서울대의 교육 현장 실태를 확인한 이혜정 교수는 이 연구를 좀 더 교육학적인 측면에서 확장하기로 마음먹었다. 왜 이런 상황이 발생하는가. 이러한 상황은 어떤 문제를 가져오게 될까? 이 교수는 미국 미시간대학교The University of Michigan, Ann Arbor에서 2년간 객원 교수로 강의하며 서울대 학생들을 상대로 한 것과 동일한 프로젝트를 미시간대의 학생들을 상대로 실시했다. 그리고 그 결과는 상당히 대조적이었다.

서울대와 미시간대,
차이는 무엇인가

서울대 vs. 미시간대

일곱 명의 노벨상 수상자를 배출한 미시간대 학생들에게
서울대에서 실시한 연구와 똑같은 질문을 던졌다

그들의 대답은
자신이 직접 정리한 노트를 보며 공부한다
대학 생활을 즐긴다
스스로 성장하는 나를 느낀다

그리고
자신만의 생각과 지식을 형성한다고 했다

미시간대에서 발견한 것

서울대의 우등생들을 연구한 이혜정 교수는 미시간대에서 연구를 할 수 있는 기회를 얻게 되었다. 서울대의 연구 결과를 본 미시간대의 피시맨 교수가 이 비교 연구 프로젝트를 적극 후원했다. 이혜정 교수는 미시간대 학생 8천여 명에게 질문지를 돌려서 1,035명의 답변을 받게 되었다. 이 정도 규모의 데이터를 모은 것은 미시간대에서도 드문 일이다. 또한 그녀는 연구를 위해 학점을 포함해서 학사 정보도 얻을 수 있었다. 한국인으로서 미시간대에서 10년 넘게 재직하고 있던 정보학자 이수영 교수도 그녀의 연구를 도왔다.

미시간 주 앤아버에 위치한 미시간대는 1817년 설립 이후 일곱 명의 노벨상 수상자를 배출한 명문 주립대학교다. 교수급 6,600여 명, 학부생 28,000여 명, 대학원생 15,000여 명의 규모이며, 연간 운영예산은 60억 달러 규모에 달해 미국 전체에서 연구비를 가장 많이 쓰는 연구중심대학 중 하나다. 과연 이러한 미시간대에서 좋은 학점을 받는 학생들은 어떠한 성향을 가지고 있을까?

비판적이고 창의적인 미시간대의 학생들

"미시간대는 단순히 기술만을 가진 인력이나 평범한 직장인이 아닌, 크게 생각하고 다르게 생각할 줄 아는 리더를 기르는 것을 중시합니다. 그래서 학생들이 지식의 소비자에 그치지 않고 비판적이고 창의적으로 자신만의 고유하고 독특한 생각을 생산하도록 끊임없이 강조하죠. 그러기 위해서는 책 속의 지식뿐 아니라 실제 경험 속에서의 살아 있는 지식도 중요하기 때문에 산학협동연구나 방학 중 인턴십을 장려하고 있고, 이러한 경험을 수업 중에 토론하도록 합니다. 기존과 다른 생각을 유도하기 위해 학문 사이의 경계를 허물어 접근하는 경향도 매우 강합니다. 이렇게 비판적·창의적으로 생각하는 인재를 키우는 것이 미시간대 교육 문화의 가장 큰 특징입니다.”

서울대와 미시간대의 교육 시스템을 함께 경험한 이수영 교수는 미시간대에서 재직하면서 받은 인상을 이렇게 설명했다. 이러한 모습은 설문 조사에서도 나타났다. 미시간대의 학생들은 ‘수업 시간에 모든 것을 받아 적는가?’라는 문항에, 서울대 학생들과 달리 대부분 ‘아니다’라는 답변을 했다.

“그래본 적 없어요. 그렇게 한다면 놓치는 것이 엄청나게 많을 수 있어요.”

“강의를 받아 적는 것은 생각을 차단하는 것 같아요. 저는 강의를 듣고 그때 떠오르는 생각을 적어요. 그게 더 도움이 돼요.”

"보통 받아 적지 않아요. 강의를 들으며 흥미롭거나 도움이 될 만
한 것만 적어요."

미시간대 학생들의 말이다. 시험을 칠 때 교수님의 견해와 본인의
생각이 다를 경우에는 어떻게 할까? 이 때에도 본인의 생각을 주장할
까?

"제가 생각하는 것을 표현하는 게 좋다고 생각해요. 왜냐하면 교
수님이 제 의견을 존중하고 견해가 다르더라도 공정한 학점을 주
실 거라는 믿음이 충분하기 때문이죠."

"제 생각을 써야죠. 그것은 위험을 감수할 가치가 있어요. 제가 동
의하지 못했다는 것은 그 내용을 정확히 이해하지 못했다는 의미
일 수도 있잖아요."

역시 서울대의 경우와 달리 많은 학생들이 '자신의 생각을 표현하겠
다'는 응답을 했다. 기본적으로 미시간대의 학생들은 비판적이고 창의
적인 성향을 나타냈다. 또한 자신의 생각이나 견해를 드러내고 다양
한 시도를 해보는 적극적인 학습 태도를 보였다.

앤 그레이디
미시간대학교
컴퓨터공학과
평점 3.7/4.0
아니오. 모두 받아 적으려 했던 적은 없어요
받아 적으면 놓치는 것이 굉장히 많을 수 있거든요

야쉬 사태
미시간대학교
경영학과
평점 3.5/4.0
받아 적지 않는 게 더 좋다고 생각해요
받아 적은 노트를 보는 건 강의를 한 번 더 듣는 것밖엔 안 되니까요

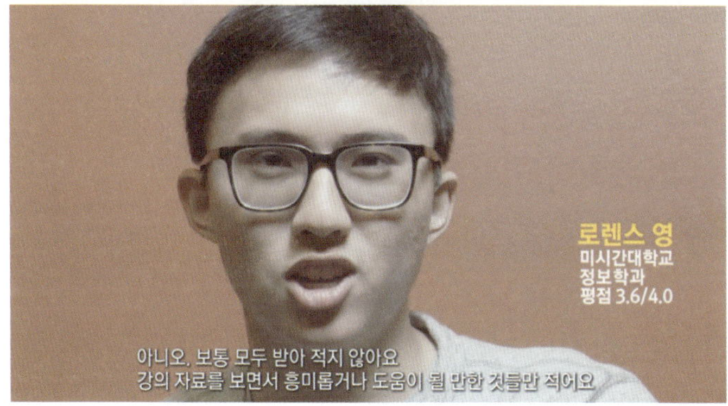

로렌스 영
미시간대학교
정보학과
평점 3.6/4.0
아니오. 보통 모두 받아 적지 않아요
강의 자료를 보면서 흥미롭거나 도움이 될 만한 것들만 적어요

미시간대 우등생들이 하지 않는 것

미시간대의 우등생들은 '자신이 직접 정리한 노트를 보며 공부하고', '대학 생활을 즐기며', '스스로 성장하는 나를 느끼고', '그날의 일은 그날 끝낸다'고 응답했다. 사실 이는 서울대의 우등생들과 크게 다르지 않은 성향이다. 하지만 흥미로운 것은 미시간대의 우등생들이 '하지 않는 것'들이다.

미시간대의 우등생들은 '수업 시간에 교수가 강의하는 모든 내용을 필기한다'는 문항에 대부분 아니라고 대답했다. 물론 미시간대의 학생들 중 일부는 교수의 말을 다 받아 적기도 한다. 설문 조사에서 20퍼센트의 학생들이 그렇다고 응답했다. 그렇다면 미시간대에서도 노트 필기를 하는 학생들이 학점을 잘 받을까? 하지만 노트 필기는 성적에 전혀 영향을 미치지 못했다.

'수업 시간에 항상 앞자리에 앉는다'는 수업 태도 자체의 성실성에 대한 항목도 미시간대 학생들의 시험 점수에 전혀 영향을 끼치지 못했다. 또한 '교수와 의견이 다른 상황에서, 자신의 의견을 시험에 쓰면 A$^+$를 받을지 확신할 수 없는 경우에 그 의견을 포기한다'는 문항은 학점과 상관 지수가 0이었다.

서울대의 학생들이나 미시간대의 학생들이나 모두 자기 관리가 뛰어날수록 학점이 높았다. 하지만 두 가지 점에서 차이를 보였다. 먼저 서울대 학생들의 경우, 과제 관리와 학점이 상당한 수준의 비례 관계를 보여주지만, 미시간대의 경우에는 상관은 있으되 강력한 변수가

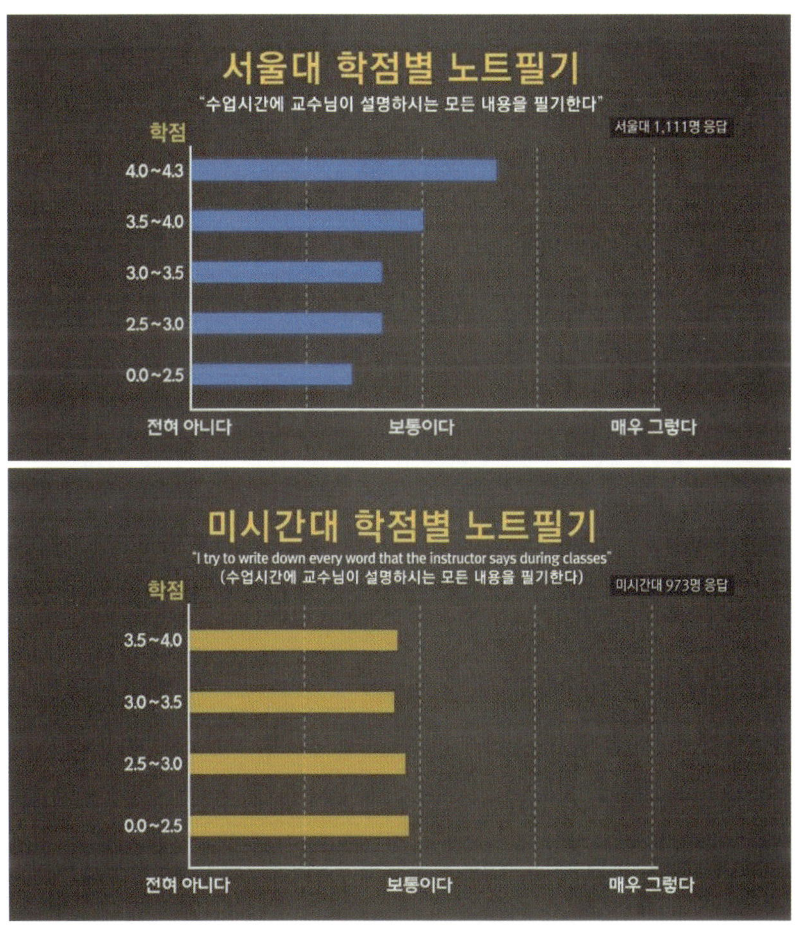

서울대와 미시간대의 학점에 따른 노트 필기 비율은 대조적인 결과를 나타냈다. 서울대는 학점이 높을수록 노트 필기를 많이 했지만, 미시간대는 노트 필기와 학점이 별다른 연관성을 보이지 않았다.

되지는 않았다. 또한 시간 관리의 측면에서 서울대 학생들은 시간 관리가 과제 관리만큼이나 학점에 큰 영향을 주었으나, 미시간대의 경우에는 미미한 수준이었다.

왜 이런 차이가 발생할까

미시간대 학생들과 서울대 학생들의 경향성 차이는 입학할 때부터 발생한다. 이는 부분적으로 한국과 미국의 문화적 차이와 대학입시 과정의 차이에서 오는 것이다. 한국을 비롯한 아시아 국가들의 문화는 기본적으로 창의적이거나 비판적인 사고보다는 수용적인 사고, 의존적인 교육 경향성이 높다고 알려져 있다. 또한 입시 체계와 고등학교까지의 교육 제도 차이 때문에 대학에서 선발되는 학생들의 경향성도 다를 수 있다. 하지만 이보다 중요한 것은 대학에 입학한 후의 동향이다. 서울대의 학생들은 입학 때부터 비판적·창의적 사고력보다 수용적 사고력이 높은 학생들 비율이 압도적으로 많고 이러한 경향은 4년 내내 그대로 지속된다. 그러나 미시간대의 학생들은 수용적 사고력이 높다는 학생과 비판적이고 창의적 사고력이 높다는 학생들이 비슷한 비율로 입학을 하고, 4년의 대학 생활을 거치면서 비판적 사고력이 높은 학생들은 증가하고 수용적 사고력이 높은 학생들이 줄어들면서 졸업 시에는 수용적 사고력보다 비판적 사고력이 높은 학생들이 훨씬 더 많아진다.

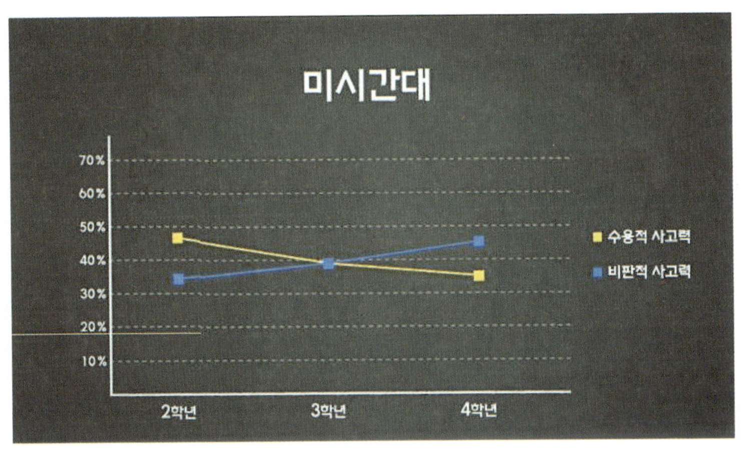

미시간대의 학생들은 학년이 올라갈수록 수용적 사고력은 줄어들고 비판적 사고력은 향상되었다.

"어떤 답에 A$^+$를 주느냐에 따라 학생들의 성향과 학습 방법까지 변화시킵니다. 미시간대에서는 입학 당시 상대적으로 수용적이었던 학생들도 학년이 올라갈수록 비판적인 학습자로 변해요. 대학 교육이 학생들을 변화시키는 것이죠."

이혜정 교수는 학생들의 학습 방법 차이는 대학에서 무엇을 평가하는지, 어떤 능력을 기르고 있는지에 관한 문제라고 결론내렸다. 미시간대의 평가 방식은 서울대와 다른 종류의 능력을 평가하는 데 맞춰져 있기에, 수용적 태도를 가진 학생들은 학습 전략을 변경하지 않으면 전보다 낮은 학점을 받게 된다. 반대로 서울대의 평가 방식은 수용적 태도를 가진 학습자들을 독려한다. 수용적 태도를 유지하는 것이 학점 획득에 더 도움이 되는 전략이다. 입학할 때부터 수용적인 학습에 익숙한 서울대 학생들은 학습 전략을 수정하지 않고, 더욱 수용적인 태도를 강화하여 대학 교육에 임해야만 높은 학점을 받을 수 있게 되는 것이다.

서울대와 미시간대의 차이는 적극적인 학습 태도와 수용적인 학습 태도인 서양과 동양의 문화 차이로 대변되기도 한다. 서울대뿐만 아니라 아시아 문화에서는 수업 참여보다는 필기에 집중하는 학생들의 모습이 두드러진다. 이런 현상은 어렸을 때부터 익숙하게 교육 받아온 학습 문화에 영향이 있다.

암기 위주의 수동적으로 학습된 교육은 빠른 성과를 불러온다. 초·중·고등학생들의 학업 성취도를 보더라도 이런 높은 학업 성취율을 확인할 수 있다. 하지만 장기적인 관점에서 보면 창의성과 상상력으로 발전해나가는 인류의 성장에는 한계점을 지니고 있다. 반면 묻고 탐구하는 공부는 어떤 진리를 파악하는 데 긴 시간이 들지만 정확하고 밀도 있는 자기만의 지식을 가질 수 있다는 장점이 있다.

청색 LED를 개발해 2014년 노벨 물리학상을 수상한 나카무라 슈지 캘리포니아대 교수는 아시아권의 교육 문화에 안타까운 생각을 드러냈다.

“일본의 교육은 대학 입시에 치중되어 있습니다. 명문대에 들어가는 것을 가장 중요시한 교육 시스템입니다. 대학 이후에 사회에서 어떻게 살아갈 것인가에 대한 교육은 별로 하고 있지 않습니다. 그

것은 아시아 전체의 문화인 것 같습니다. 학생들에게 장려하는 것도 정해져 있죠. 미국에 와서 놀란 점은 대학생들이 활력이 넘쳐 있다는 것입니다. 중요한 것은 자신이 좋아하는 것을 발견해서, 그 일을 하거나 연구에 매진하는 것입니다. 좋아하는 일을 발견해서 적극적으로 학습한다면 성공할 확률이 높다고 생각합니다."

동·서양의 학습 방법의 차이도 어떤 평가에 익숙한가에 기인하고 있다. 교실 안에서 어떤 기준으로 평가를 하느냐에 따라 학생들의 능력도 달라진다. 교실 안에서 창의적으로 생각하라는 기준을 제시하고 독려하면, 학생들은 점차 창의적으로 행동하고 사고하는 방향으로 전환한다.

지식은 머물러 있는 것이 아니다. 빠르게 변화하는 세상에서 '생각'의 힘을 키우지 못하는 교육으로는 결국 뒤처질 수밖에 없다. 주어진 내용을 여러 가지 방법으로 생각해보고 자신만의 관점으로 해석하는 능력, 새로운 생각을 만들어가는 능력이 필요하다.

정답을 찾는 교육

내 생각을 버리고
저자의 생각, 화자의 생각, 출제자의 의도에 맞추어 변하는
시험형 인간

주어진 답을 찾도록 훈련받은 아이들

하루 평균 7시간 50분을 공부하는 한국 학생들
공부 시간 대부분은 시험 문제를 푼다

이 아이들이 무엇을 배울지
어떤 공부를 할지 선택한 적이 있을까?

나만의 생각을 잃어버리다

한국의 아이들은 아주 어려서부터 수용적인 태도로 길들여진다. 애초에 공부는 아이들의 의도와 상관없이 시작된다. 아이들이 무엇을 배울지 어떤 공부를 할지 선택하기 이전부터 초등 교육이 시작된다. 그리고 학교는 이러한 교육과 삶에 대해 의문을 품는 법을 가르치지 않는다.

정답과 오답을 찾는 시험에 익숙해지고 정답을 잘 찾는 학생은 칭찬을 받고 의문을 품는 학생은 야단을 맞는다. 어쩌면 아이들은 공부를 하고 있는 게 아닐지도 모른다. 그저 주어진 답을 찾도록 훈련받고 얼마나 잘 훈련받았는지에 따라 점수를 받는 게 전부일지도 모른다. 하지만 이 '이유를 알 수 없는' 시험은 아이들의 삶에 중요한 존재가 된다.

시험 성적은 아이들이 살아온 짧은 삶을 대표하게 되고, 아이들은 시험 점수에 따라 줄 세워진다. 중학교, 고등학교에 진학하게 되면 더 많은 시험을 치게 된다. 여전히 학교는 '왜 공부하는가'에 대한 이야기를 해주지 않는다.

한국 학생들은 하루 평균 7시간 50분을 공부한다. 학생들은 7시간 50분 동안 왜 공부하는지, 자신의 삶이 어떤 것인지, 눈앞의 내용이 구체적으로 어떤 의미가 있는지 고민하지 않는다. 공부 시간의 대부분은 시험 문제를 푸는 데 사용된다. 시험 문제에는 정답이 존재한다. 자신의 생각을 버리고 저자의 생각, 화자의 생각, 출제자의 의도가

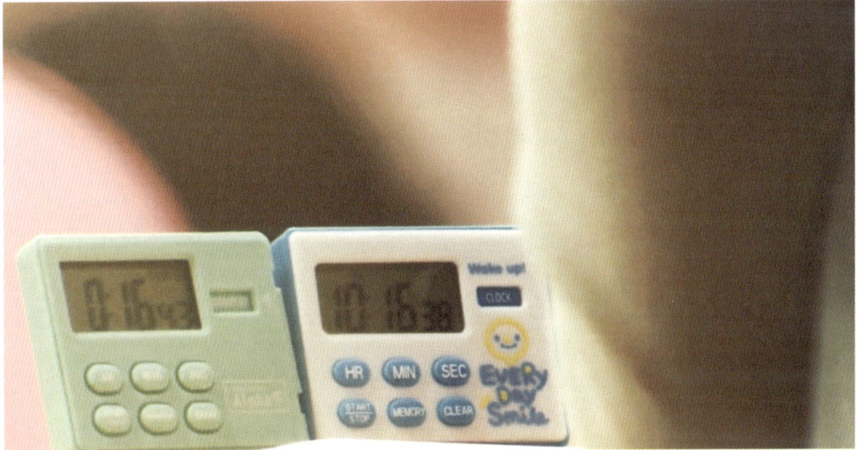

어렸을 때부터 아이들은 정답과 오답을 찾는 시험에 익숙해진다. 여러 개의 보기 중에 정답을 찾는 공부는 속도전으로 이어져 더 빨리 정답을 찾아내는 훈련에 집중하게 된다.

학생의 고민보다 중요하다. 단순한 반복 학습에 길들여지는 것이다.

고등 교육 과정으로 올라갈수록 문제는 더욱 심화된다. 초등학교 때보다 아는 것이 많아지고, 고민할 거리가 늘어나지만 학교 교육은 이를 뒷받침해주지 않는다. 시간에 비례해 그들은 정답 찾기에 대한 더 많은 훈련을 하게 된다.

> "기출 문제와 수많은 모의고사를 통해서 정답을 찾는 것을 수없이 반복하며 훈련합니다. 대부분의 공부는 시험 문제를 푸는 데 집중합니다. 공부하는 사람의 생각은 없는 거죠."

문제 푸는 공부에 자신의 생각을 잃어버린 학생들에 대한 이혜정 교수의 말이다. 학생들은 최대한 자신의 생각을 버리고, 재단된 틀을 반복 학습한다. 물론 교과 과정 전체가 완전히 무의미한 것은 아니다. 수능을 준비하면서 공부하는 내용들 중에는 평생 동안 쓸 수 있는 지식들도 많이 있다. 하지만 '왜'라는 질문을 하며 주도적으로 지식을 공부하는 것과, 압박 때문에 반복적으로 수용하는 것은 완전히 다른 문제가 된다. 세상에는 정답이 존재하는 문제들도 존재한다. 하지만 정답을 찾는 과정만을 반복적으로 훈련하는 것은 정말로 삶에 도움이 되는 일일까?

정답의 역설 : 앨런 랭어 교수의 실험

하버드대 심리학과의 앨런 랭어 교수는 '정답을 찾는 교육이 아이들에게 어떤 영향을 미치는지' 오랫동안 연구해왔다. 그의 주된 연구 주제는 '마음 챙김mindfulness'이다. 이는 불교 수행 전통에 기원한 심리학적 구성 개념으로, 현재의 순간을 자각하는 것을 의미한다.

앨런 랭어 교수는 이 '마음 챙김'이라는 주제로 수십 년간 연구를 하다가, 전 세계의 사람들이 절대적인 정답만을 찾는 것이 대단히 큰 문제라고 파악하게 되었다. 모든 것은 늘 변하며 보는 관점이 다르면 그 모습도 달라진다. 우리에게 절대적인 정답을 주어져 있는 그대로 유지해야만 된다면 어떤 일이 일어나게 될까? 아마 현상의 장애와 정신적 결함과 혼란을 일으키게 될 것이다.

이러한 교육 철학에 기반하여 앨런 랭어 교수는 흥미로운 실험을 고안했다. 먼저 펜, 텀블러, 고무로 된 강아지 장난감, 카메라 부품 등 4가지 물건을 준비하고, 이 물건들을 마케팅 동아리 대학생 24명에게 보여주었다. 그후에 학생들을 12명씩 두 조로 나누어, 1조 학생들에게는 A는 펜이다, B는 텀블러다, C는 강아지 장난감이다, D는 카메라 부품이다,라고 단정적으로 설명했다. 반면 2조 학생들에게는 A는 펜일 수도 있다, B는 텀블러일 수도 있다, C는 강아지 장난감일 수도 있다, D는 카메라 부품일 수도 있다는 식으로 여지를 두어 설명했다.

그런 후 '소비자 행동조사'라는 이유를 달아 연필을 주고 물건 가격이 높은 것에서 낮은 순서대로 쓰라고 말한다. 그런데 질문지 작성을 끝냈을 때, 갑자기 실험자는 거꾸로 물건 가격이 낮은 것에서 높은 순서로 쓰라고 말을 바꾸었다.

이미 질문지 칸을 채운 학생들은 당황하는 기색이 가득했다. 이 실험에 숨은 목적은 간단하다. 진짜 질문은 이것이다. "과연 누가 강아지 장난감을 지우개로 사용할 수 있을 것인가."

'강아지 장난감일 수도 있다'라고 여지를 두어 설명한 2조에서는 12명 가운데 6명이 강아지 장난감을 지우개로 사용했다. 반면 '강아지 장난감이다'라고 단정적으로 설명한 1조에서는 12명 가운데 1명만이 강아지 장난감을 지우개로 사용했다. 왜 이런 결과가 나왔을까?

"당연히 강아지 장난감이라고 하니까 지우개의 용도로 쓰일 거라고 생각을 못했어요."

"A는 펜, B는 텀블러,라고 확실하게 정의내려져 있다 보니, 지우개라고는 아예 생각하지 못했어요. 지우개라고 써놨으면 저는 이걸로 지웠을 것 같아요."

1조의 학생들은 '이것은 어떤 물건이라고 설명을 들었기 때문에 그 용도 이외의 다른 용도가 생각나지 않았다'라고 대답했다. 그들은 애초에 고무로 만들어진 강아지 장난감이 지우개라는 생각을 하지 못했다. 이 실험은 하나의 정답이 정해지면, 더 이상 생각을 확장하는 것은 어렵다는 것을 보여주었다. 이미 정해진 답만이 바른 답이고, 출제자의

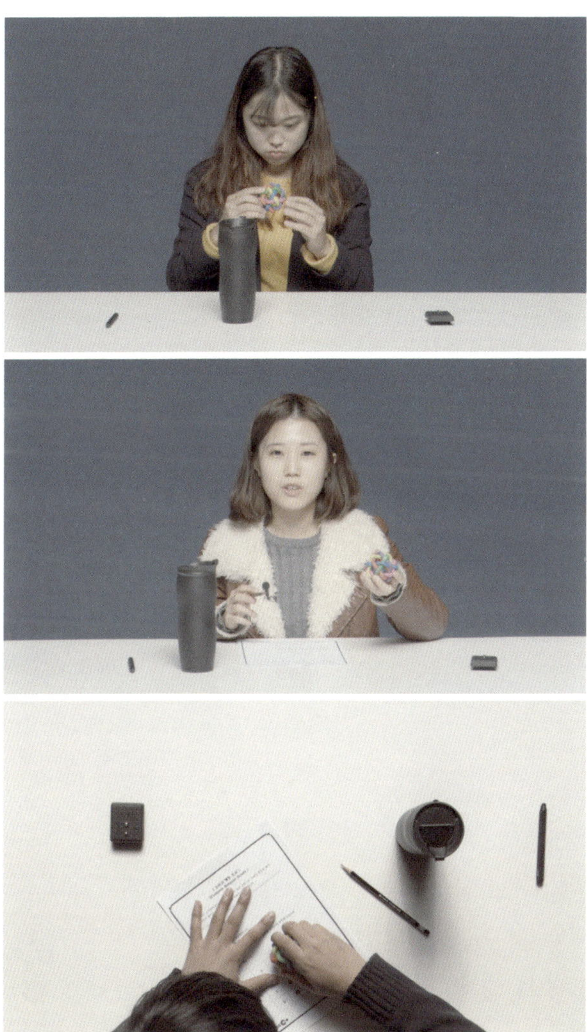

'강아지 장난감 지우개' 실험의 진짜 질문은 "과연 누가 강아지 장난감을 지우개로 사용할 수 있을 것인가" 였다. 처음부터 절대적인 답을 제시하고 질문을 했을 때 학생들은 처음 질문과 다른 질문에 대답하지 못하였다. 이 실험은 하나의 정답이 정해지면 더 이상 생각을 확장하기 힘들다는 것을 보여준다.

의도와 다른 답은 모두 틀린 답이라 배우며 '덜 생각하는 법'을 훈련하는 학생들. 한 가지 정해진 답만 강요하는 교육이 떠오르는 생각을 어떻게 가로막는지 단적으로 보여주는 실험이다. 이것이 바로 정답의 역설이다.

정답은 오류가 있다

"절대적인 답안을 알고 있을 때엔 다른 방식으로 생각하는 것이 떠오르지 않습니다. '뭔가를 하는 방법은 한 가지다, 뭔가를 알게 되는 방법도 한 가지다.' 이런 답들은 마치 인간 세상과는 별개로 하늘에서 뚝 떨어진 진리처럼 여겨지죠. 사람들은 이것만이 진짜라고 맹신하는 겁니다."

―앨런 랭어(하버드대학교 심리학과 교수)

무엇의 개념을 제대로 파악하기 위해, 처음부터 정답을 듣고 정해진 답을 맹신하는 것은 위험할 수 있다. 우리는 우리가 '모르고 있음'을 인식해야 한다. 그리고 의문을 표하며 의구심을 가져야 한다. 학생들이 시험을 볼 때, 시험은 학생들로 하여금 최선의 방법은 정답을 외우는 거라고 생각하도록 이끈다. 그렇게 되면 학생들은 그 정답만을 외우는 공부를 한다. 하지만 현재의 정답은 영원하지 않으며, 정답이라고 해서 주어진, 눈앞의 정답도 많은 오류를 포함할 가능성이 있다.

앞에서 이야기한 실험을 살펴보자. 피험자들에게 처음에 '지우개일 수도 있는 강아지 장난감'을 '강아지 장난감'이라고만 단정적으로 규정했을 때 대부분 '강아지 장난감' 이외에 다른 답을 찾지 못했다.

또한 정답만을 위한 공부는 배움에 흥미를 잃게 만든다. 정해진 답이라고 생각하는 순간, 그에 대한 관심은 사라진다. 흥미를 가지고 새로운 것을 배워나가는 것은 더 나은 배움을 만들어간다.

> "우린 잘못된 잣대로 학생을 평가해왔어요. 만약 교육이 정해진 답만을 찾게 하고, 선생님의 생각에 학생이 항상 동의해야 하는 식이라면, 선생님의 말을 더욱 잘 받아 적을수록 더 높은 점수를 받게 될 수밖에 없습니다. 더 높은 탐구, 새로운 과제에 도전할 학생들을 만들 수 없는 겁니다."
>
> —로버트 스턴버그

교육이 인간에게 가르쳐야 할 본질적인 마음가짐은 '의심하는 능력'이다. 학생들은 눈앞의 상황을 의심하고, 본인의 의견을 통해 눈앞의 상황을 정리해보는 훈련을 해야 한다. 정답에 대한 실수는 용인되어야 하고 학생들은 두려움 없이 의심하고 자신의 의견을 진행해야 한다. 하지만 한국의 교육은 이러한 점에서 잘못된 수순을 밟고 있다.

정답을 찾는 교육이 아이들의 성장을 가로막는다는 것은 막연한 주장이 아니다. 현직 중학교 교사이자 교육사회학자인 권재원 박사는 인류 교육 연구를 진행하다가 한국 교육의 문제성을 증명하는 데이터를 발견했다.

"한국이 자랑하는 PISA 성적표에서 눈여겨볼 부분이 있습니다. PISA에서는 3등급 정도가 되면 주어진 과제나 정보를 충분히 습득할 수 있는 능력으로 봅니다. 4등급, 5등급으로 높아질수록 지식을 활용해서 무언가를 할 수 있는 수준으로 판단합니다. 6등급은 그것을 가지고 가설을 세운다거나 새로운 이론을 세우고 검증하며 대안도 모색해볼 수 있는 가장 높은 지적 수준을 가진 단계입니다. 우리나라 학생들은 주로 3, 4등급에 굉장히 많이 몰려 있고 5등급도 어느 정도 분포되어 있으나 6등급은 굉장히 적습니다. OECD는 국가 경제 생산력을 진단할 때 지식노동자가 얼마나 많이 나오느냐를 봅니다. 그때 중요한 지표가 되는 것은 6등급의 인재입니다."

한국 학생들의 평균 PISA 성적은 세계 1, 2위를 다투지만, 최우수 학생들의 수는 적다. 최우수 등급인 6등급을 받은 학생을 기준으로 순위를 매기면 한국은 읽기 11위, 과학 17위로 성적이 대폭 하락한다.

그렇다면 한국은 왜 이렇게 PISA 최우수 학생들의 수가 적을까? 한국 학생들은 특히 '설명'에서 낮은 점수를 보였다. 과학의 경우에서도 문제이해능력은 뛰어나지만 '설명'을 잘하지 못했고, 읽기의 영역에서도 논증, 설명, 평가 등의 분야에서 낮은 점수를 받았다. 권재원 박사는 '최우수 학생이 되려면 정답 이후에 나만의 사고를 해야 하는데,

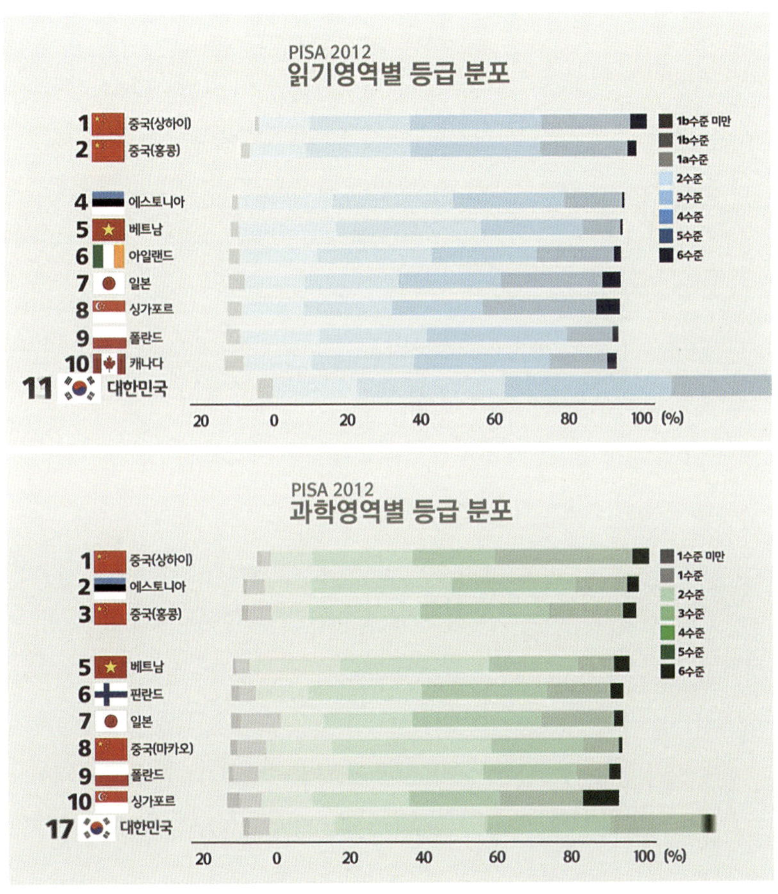

한국 학생들의 평균 PISA 성적은 세계 1, 2위를 다투지만 최우수 등급인 6등급을 받은 학생을 기준으로 순위를 매기면 한국은 읽기 11위, 과학 17위로 성적이 대폭 하락한다.

한국의 공부는 그런 것 없이 정답을 제시한 후 이것을 반복·암기·학습하는 근본적인 한계점'이 문제의 원인이라고 지적하였다.

"우리나라 학생들은 주어진 지식들을 습득해서 몸에 익히는 과정에 가장 많은 시간을 쏟습니다. 완전히 익혔으면 그것을 확장시킬 수 있도록 사고해야 돼요. 이 방법과 저 방법은 어느 게 더 훌륭한 것일까, 서로 비교 분석해야 되는데 우리나라 학생들은 그렇게 공부할 수가 없어요. 시험에 안 나오니까요. 우리나라 교육의 근본적인 한계가 있는 거죠. 그 정도의 수준을 요하는 평가에서 성적을 잘 받는 학생들을 대량으로 생산할 수 있겠으나 그런 학습 과정에서 6등급에 갈 수 있었던 아이들의 능력은 사라지고 고도의 지식은 더 이상 성장하기가 힘들어집니다."

한국교육과정평가원 구자욱 교육평가본부 팀장도 비슷한 우려를 나타냈다.

"우리나라에서는 공부 잘하는 학생들이 공부를 더 잘하기 위해 하는 노력은 모두 대학 입시에만 초점을 맞추고 있어요. 그래서 어떤 새로운 문제를 만났을 때 자신의 지식을 가지고 이걸 해결해 나가려는 능력과 경험이 부족한 것 같습니다. 늘 이런 방법으로 학교 공부를 하니까요."

PISA 성적 최상위권이라는 외형적인 성과에도 불구하고 세계적 석학들은 시험이 한국의 교육을 위기로 몰고 간다고 경고한다.

> "17세기 네덜란드에서는 튤립 가격이 오르자 너도나도 튤립 재배에 투자했습니다. 그러다 값이 폭락해 한꺼번에 몰락한 적이 있었습니다. 투자할 만한 가치도 없는 시험에 모든 것을 거는 한국의 교육이 튤립파동과 다름없어 보입니다."
>
> —제임스 헤크먼(노벨 경제학상 수상자, 시카고대학교 경제학과 교수)

인류의 위대한 발견과 발명들은 정답이 없는 상황에서 여러 가지 시도를 해보다가 탄생했다. 정답이 없다는 것은 실수와 실패를 받아들이는 것이다. 실수 끝에 새로운 발명을 한 가장 유명한 예시가 포스트잇일 것이다. 3M은 초강력 접착제 프로젝트를 진행하다가, 어디에나 잘 붙지만 또 너무 쉽게 떨어지는 접착 물질을 발명하게 되었다. 만약 이를 발명한 사람들이 정답에 몰두했다면, 이는 실패작으로 규정되어 버려졌을 것이다. 하지만 앨런 랭어 교수가 중요시하는 '다른 맥락의 관점으로' 들여다보면 정답은 달라진다. 쉽게 붙였다 뗄 수 있는 것은 접착제의 세계에서는 정답이 아니겠지만 메모지를 위해서는 정답이 된다.

정답은 절대적인 진리가 아니다. 인류는 의심하고 질문함으로써 한 단계 진보하였다. 세상에 존재하는 모든 것을 그대로 받아들이는 것이 아니라 자신이 직접 탐구하면서 "왜?"라고 생각하고, 문제에 직접

맞닥뜨려 학습하는 것이 필요하다. 이런 맥락에서 제임스 헤크먼 교수의 말은 우리에게 많은 생각거리를 던진다.

"위대한 혁신가들은 가끔 어떠한 고정 틀에서 벗어나고 그 매뉴얼을 어기곤 합니다. 그들은 본질의 방식을 바꿀 수 있어요. 사람들은 '우리는 이 방법으로는 할 수 없어'라고 합니다. 만약 당신이 주어진 정답과 규칙에 따라 움직인다면, 절대 새로운 것에 도전할 수 없어요. 하지만 사람들이 놀이를 하듯이 조금만 다르게 움직인다면, 새로운 이론을 정의할 수 있을 겁니다."

진정한 배움과 성장은 한계를 두지 않고 자신이 좋아하는 것을 발견해서 몰입하는 것에서 나온다.

비판적이고 창의적인
학생의 딜레마

우리는 왜
노벨상 수상자를 배출할 수 없을까?

공부를 위해 평가를 하는가
평가를 위해 공부를 하는가!

질문하고 탐구하면서
배움의 즐거움을 아는 공부

VS.

남김없이 받아 적고
통째로 암기하며
비판 없이 수용하는 학습

지금 우리 사회는
정답을 맞추거나 낙오자가 되거나 둘 중 하나
다른 생각을 하는 아이들의 능력은
평가받을 기회조차 없다

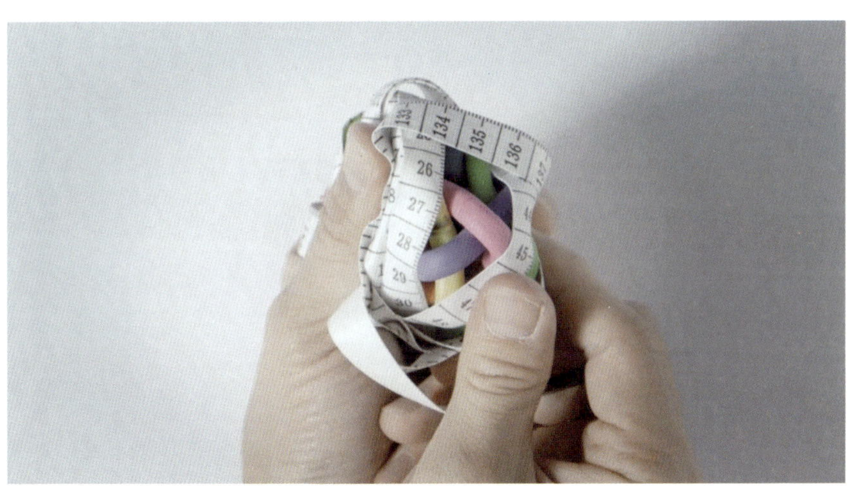

시험이 창의성을 빼앗고 있다

"시험은 재앙입니다. 시험이 얼마나 많은 것을 증명할까요? 사실 대부분의 시험은 그저 다른 시험도 잘 칠 것이라는 것을 증명할 뿐입니다. 시험은 학생들이 어떻게 창조적으로 활동하는지, 어떤 업적을 이룰 것인지 증명하지 못해요. 높은 성적을 나타낸 학생들의 성과는 실제 대학에 들어간 후로는 그리 좋지 않습니다. 그렇게 고생해서 대학교에 입학한 후엔, 그저 관성으로 움직입니다. 저는 이게 올바른 방식인지 의문이 듭니다."

2000년에 노벨 경제학상을 수상한 경제학자 제임스 헤크먼은 한국의 교육의 상황에 대해서 이렇게 이야기했다. 그는 이러한 상황이 공부에 있어 '탐험하는 것의 중요성을 사라지게 만든다'고 덧붙였다. 탐구와 탐험은 중요한 일이다. 새로운 것에 도전하고, 도시의 여러 곳에 가고, 새로운 사람들을 만나 여러 가지 이야기를 나누고, 다양한 경험을 해보는 것은 인간의 성장에서 핵심적인 일이다. 하지만 한국의 교육 제도는 이러한 탐험을 권장하지 않는다.

서울대에도 비판적이고 창의적인 학생들이 입학한다. 물론 그 수는 수용적 학습에 길들여진 아이들의 수보다 훨씬 적다. 이러한 학생들의 대학 생활은 어떨까? 베스트 러너 프로젝트를 진행한 이혜정 교수는 이렇게 이야기한다.

“서울대에 수용적인 학생들만 있는 것은 아니에요. 비판적이고 창의적인 아이들도 있어요. 그런데 그런 아이들은 다 학점이 낮아요. 이렇게 학점이 낮은 아이들이 4.0 넘는 학생들의 행동처럼 따라가지 않으면 죄책감을 느끼고 그렇게 가야 맞는 거라는 생각을 하니까 자신의 행동을 수정하려고 해요.”

여기서 두 가지 문제를 살펴볼 수 있다. 우선 ‘지금 당장 비판적이고 창의적인 사고를 하는 학생들의 학점이 낮다’는 문제가 있다. 왜 비판적이고 창의적인 학생들은 그렇지 않은 학생들에 비해 낮은 학점을 받게 되는가? 먼저 평가의 문제에 대해서 이야기해볼 수 있다. ‘암기한 내용’은 평가하기 쉽다. 암기형 문제로 가득 찬 시험을 내면, 열심히 공부하고 암기하여 ‘많은 내용을 아는 학생’이 좋은 점수를 받게 될 것이다. 하지만 창의력을 평가한다는 것은 본질적으로 어려운 문제다. 단순하게 한 사람을 창의적이다, 혹은 그렇지 않다고 이야기하는 것부터 어려운 문제인데, 강의실에 모인 학생들의 창의성을 평가하고 수량화하여 점수로 줄 세우는 것은 훨씬 더 어려운 문제가 된다.

두 번째 문제로는 ‘학점이 낮은 학생들이 자신의 행동을 수정하려고 한다’는 것이다. 만일 개인적인 태만에 의해 낮은 학점을 받은 학생들이 자신의 행동을 좀 더 성실한 방향으로 수정하여 높은 학점을 받는다면 이는 좋은 일이다. 하지만 비판적이고 창의적인 사고를 하는 학생이 대학에 입학하였는데, 자신의 ‘사고 태도’ 때문에 학점이 제대로 나오지 않는다고 느끼고, 수용적인 방향으로 수정하는 것은 문제가 된다. '비판적이고 창의적인 사고를 하는 학생들의 학점이 수용적인 사고를 하는 학생들의 학점보다 낮다'는 것이 일상적으로나 학문 연구를 통해서나 증명되는 상황에서, 학생들이 자신에게 유리한 전략을 택하는 것은 당연한 일일지도 모른다.

학점 수직 상승 : 질문왕의 서글픈 반전

베스트 러너 프로젝트의 연구 결과를 적용해본 김상현 학생의 경우를 살펴보자. 그는 어릴 적부터 질문하는 것을 좋아했고, 대학교에 와서도 일관된 학습 태도를 유지했다. 교수들은 그를 질문이 많은 학생이라고 기억할 정도였다. 하지만 그는 제한된 시간 내에 문제를 푸는 데에는 익숙하지 않았다. 그래서 시험을 잘 치르지 못했고, 전체 성적은 낮았다.

그가 태만하고 공부를 안 한다고 할 수는 없다. 수업 시간에 질문을 하는 것은 학생의 좋은 태도다. 모르는 것을 궁금해하고 탐구하고 질문하는 것은 배움의 핵심적인 일이기도 하다.

이혜정 교수의 연구를 접한 그는 '수용적인 학습 전략'을 그대로 따라해보았다. 교수가 하는 말을 전부 녹음하여 받아 적고, 일주일에 한 번씩 내용을 반복, 축약하는 '2차 필기'를 진행했다. 그리고 시험을 볼 때에는 자신의 생각을 제외하고, 외운 내용을 그대로 적어냈다.

이렇게 학습 태도를 수정한 후 어떤 변화가 생겼을까? 결과는 기대

기존의 전략을 버리고 수용적인 학습 전략을 택했더니 놀라운 성적 변화가 일어났다.

이상이었다. 그는 이전보다 훨씬 좋은 학점을 받게 되었다. 그의 말에 따르면 그의 학점은 '폭풍상승'했다. 4.0을 한 번도 받아보지 못한 그는 모든 과목에 A 이상의 성적을 받았고 좋은 학점 덕에 성적장학금까지 받게 되었다. 기존의 전략을 버리고 자신에게 유리한 전략을 선택하여 좋은 결과를 받았다. 평균을 밑돌던 학점을 받아온 그는 처음으로 성적장학금을 받았다. 그 역시 놀라울 뿐이었다.

과연 이것은 행복한 결말일까? 대학 교육의 차원에서 김상현 학생의 변화는 씁쓸한 결과이다. 서울대와 미시간대의 비교 연구에서 보았듯, 한국에는 '수용적인 학생'들이 지나치게 많고, '비판적이고 창의적인 학생들이 수용적 학생으로 변하는 경우' 역시 많다.

대학은 창의적으로 활동하는 학생을 한 명 잃었고, 대학 교육에서 좋은 학점을 받기 위해 필요한 것은 '수용적 사고력'이라는 사실을 증명한 것이다.

마지막으로, 김상현 학생 개인에게는 행복한 일이었을까? 그는 장학금을 받고, 성적표에서 A$^+$가 가장 많은 학기를 맞이하여 행복하다고 이야기했다. 그렇다면 적어도 개인 한 명은 행복해지는 이야기로 끝나겠지만, 그는 이렇게 덧붙였다.

"과거에는 학교 공부를 할 때 힘들다는 생각이 들기는 했지만. 재미가 없는 건 아니에요. 굉장히 재미있지만 해야 할 게 많은 과목이다 보니 힘들었던 건데 이번에는 너무 재미가 없어서 힘들었습니다. '이렇게 쓰면 이런 식으로 점수를 주겠구나'라는 식으로 분류를 하고 제한을 하다보니까 공부가 재미없었던 거죠. 많은 시간을 들여서 공부했지만 실질적으로 그 안에 저는 존재하지 않았다고 생각합니다."

공부를 즐기기 VS. 공부를 견뎌내기

김상현 학생은 공부를 즐기는 타입의 학생이었다. 배움의 재미 때문에 학점을 따기 힘든 과목일지라도 수강 신청을 했고, 궁금한 내용이 있으면 질문을 했다. 하지만 그는 더 이상 질문하지 않고, 공부를 즐

노트 필기를 모두 받아 적고 통째로 외워서 높은 학점을 받았지만 수업이 즐겁지 않다.
굉장히 많은 시간을 들여 공부했지만 그 속에는 내가 없다.

기지도 않는다. 그는 '점수를 따는 방법'에 대해서 잘 알게 되었지만, 이 과정은 그에게 흥미로운 일이 아니다. '실질적으로 저는 존재하지 않았다고 생각한다'는 이야기에서 볼 수 있듯, 공부에 빠져들어 공부를 즐겼던 그는 이제 공부에서 소외감을 느낀다.

"1학년 때 흥미를 가지고 배웠던 내용은 아직도 기억이 나거든요. 예전에 제가 어떤 수업을 들었는데 그때 수업을 정말 열심히 들었어요. 그런데 이번에 그 수업을 다시 듣는데 기억이 하나도 안 나더라고요. 교수님이 강조했던 것만 바짝 외워서 시험 보고 나오니까 과연 내가 배웠던 것이 맞나 새로워요."

이런 일은 김상현 학생에게만 일어난 것은 아니다. 베스트 러너 프로젝트에 참여한 많은 학생들이 김상현 학생과 비슷한 이야기를 했다. 시험 점수를 잘 받기 위해 무지막지하게 외우는 작업은 재미가 없으며, 시간이 지나고 나면 남는 것이 없다고 했다. 반대로 자신이 흥미가 있어 주체적으로 학습한 과목의 경우, 과정 자체도 즐거웠으며 시간이 지나도 머릿속에 내용이 남아 있다고 말했다. 하지만 그렇게 했을 때는 좋은 학점을 받지 못한다. 그런 과정을 겪은 다음, 그들은 '좋은 학점을 받는 전략'을 수용한다. 그렇게 해서 실제로 그들은 좋은 학점을 받게 되었고, 공부는 그들에게 더 이상 재미있는 일이 되지 못한다. 결국 공부는 버티는 일이 되는 것이다. 배우고 싶은 과목 대신 학점을 쉽게 딸 수 있는 과목을 수강하고, 궁금한 것을 탐구할 시간

나카무라 슈지 교수는 틀 안에 갇힌 아시아의 교육을 안타까워한다.
즐거운 공부에서 인류 성장의 모티프가 발생한다.

에 시험에 나올 내용을 한 번 더 정리한다.

노벨 물리학상 수상자인 나카무라 슈지 교수는 정해진 틀 안에 갇혀 있는 아시아의 교육에 이의를 제기한다.

"일본에서 아이에게 그림을 그리게 하면 이건 안 돼, 하면서 선생님이 그림을 지적합니다. 보통은 모범이 되는 그림이 있습니다. 그것과 닮지 않은 그림은 전부 실패한 그림으로 취급됩니다. 그림도 그렇지만 수학이나 과학에서도 그런 교육을 합니다. 일본에서 과학이나 수학은 정답이 있습니다. 그 외에는 틀렸다고 합니다."

일본에서 교육 받은 슈지 교수는 대학교 입학 이후 답을 찾는 교육에서 빠져나왔다. 대학 공부가 전혀 재미있게 느껴지지 않은 것이다. 학교에 가지 않겠다고 마음먹은 그는 여러 가지 책을 읽으며 새로운 자아에 눈을 떴다고 했다. 기업에 가서도 본인의 생각대로 연구를 하고 자신만의 아이디어를 정립한 것이 노벨상 수상으로 이어진 것 같다고 평했다. 주어진 공부가 아니라 자신이 진정 즐기고 좋아하는 공부를 할 때, 그 상상력이 가져온 결과물은 놀라웠다. 하지만 우리는 평가의 방식으로 상상력을 걸러내고 잘라낸다. 베스트 러너 프로젝트에 응답한 서울대 학생들의 인터뷰 역시 이런 우리의 상황을 말해준다.

"다 같이 대충 잘하는 육각형 모양이길 바라는 거잖아요. 한쪽으로 뾰족 튀어나가 있는 그런 모양이 아니라요. 두 가지 방법이 있어요. 잘하는 걸 포기하거나 나머지 것을 다 잘하는 거죠. 근데 후자는 힘드니까 나를 보여준다기보다는 원하는 틀에 맞추는 거예요. 그렇게 해야 무난하게 잘 넘어가니까요."

"중학교, 고등학교 때도 그렇고 오지선다 중에 하나는 맞는 거고 나머지 네 개는 다 틀린 거예요. 이미 저희는 그런 패턴에 최적화된 상태이고 저희가 잘하는 것이기도 하죠. 어떻게 바꿔야 될지는 사실 잘 모르겠어요."

최상위 학생에게 요구되는 가장 중요한 능력은 창의성이라고 한다.

왜 공부하는지 학생들은 공부의 이유를 생각하지 못했다.

대부분의 창의성 연구에서 사람에게 가장 창의성이 발현되는 순간은 자기 스스로 동기화 되어서 시간 가는 줄 모르고 몰입한 상황이라는 결과가 나왔다. 공부에서 가장 중요한 것은 공부에 흥미를 느끼고 몰입하는 자기효능감과 스스로 자발적으로 움직이는 동기부여다. 하지만 우리는 아이들에게 공부에 흠뻑 빠져들어 즐거움을 느끼게 할 수 있는 학습 문화를 만들어주고 있는 걸까? 이쯤에서 공부를 위해 평가를 하는 것인지, 평가를 위해 공부를 하는 것인지 혼란에 빠질 수밖에 없다. 제작진은 학생들에게 '왜 공부를 하는지'에 대해 질문을 던졌다. 하지만 대부분의 학생들은 모르겠다고 답했다. 심지어 이런 질문 자체가 의아하다고 말하는 학생도 있었다. 창의력을 강조하는 시대, 하지만 우리는 여전히 철 지난 공부를 하고 있다. 다른 생각을 하는 아이들의 능력은 평가받을 기회조차 주어지지 않는다.

"수많은 전통 사회에서 복종하는 법을 배우고 점수 잘 받는 학생들은 정상으로 올라갑니다. 가장 창의적이고 혁신적이며 호기심 많은 젊은이들은 버려지고 말아요. 하지만 예상컨대, 10년 안에 수많은 나라들에서 이는 뒤바뀌고 말 겁니다. 근본적으로 다양한 가치를 존중하는 다른 유형의 교육 체계가 필요합니다."

－토니 와그너(하버드대학교 이노베이션 교수)

뛰어난 머리와 성실함을 가진 우수한 인재들이 만들어놓은 평가지에 억지로 끼어맞춰져 더 이상 능력을 발휘하지 못하는 현실. '얼마나

많은 정답을 알고 있는가'는 급변하는 시대에 우리에게 중요한 지식이
아니다. 우리가 살아가면서 직면하는 수많은 실제 문제들은 흑과 백,
정답과 오답이 존재하지 않는다. 아주 단순화된 질문들로 우리의 학
생들을 시험하는 방식으로는 앞으로 답해야 할 새로운 답에 대해서
생각할 수 없다.

Part 4
시험의, 시험에 의한, 시험을 위한

춥고, 외롭고, 고통스러운 1년

꿈은 달랐지만 우리의 지향점은 하나
수능에서 좋은 점수를 얻는 것!
그 목표를 향한 270일의 레이스가 시작됐습니다

우리는 첫 시험대에 올랐습니다
고3 들어 처음 맞이하는 모의평가 날입니다

비로소 경쟁자들의 존재가 실감납니다
친구들을 이겨야 내가 살 수 있습니다

전쟁터,

불안과 공포가 잠식한 전쟁터입니다

수능에 모든 것을 걸어야 합니다.
수능 일주일 전, 심장이 바짝 타들어갑니다

마침내 수능 날이 밝았습니다
이 시험이 우리의 인생을 결정한다고 합니다
이제 모든 것을 쏟아부어야 합니다

**12년 동안 쌓은 실력을 총동원해야 하는
결전의 순간!**

우리는 대한민국 고3입니다

겨울 내내 꽁꽁 얼었던 한기가 녹아들고 새싹들이 움트는 3월, 봄을 맞이하는 기분이 남다르다. 바로 고3이 시작된 것이다. 봄기운을 느낄 겨를도 없이, 대입이라는 인생 최대의 레이스의 출발선에 선, 춥고 외롭고 고통스러운 고3들의 이야기를 들여다보자.

대학 입시, 하나만을 바라보며 초·중·고 학창시절을 보낸 아이들. 앞으로 준비해야 할 1년이라는 시간이 어떤 보상을 가져다줄지 긴장되기만 하다. 입시를 준비하는 아이들의 생각은 어떨까? 항상 선두권에서 우수한 성적을 받아온 정호, 자신의 적성을 알고 일찌감치 진로를 정한 동건이, 사회에 나가 제몫을 할 수 있도록 대학을 가고 싶은 새미 등 누구나 1년의 레이스를 준비하는 고3의 마음은 비슷하다.

"과는 여러 가지를 생각하고 있어요. 신방과도 가고 싶고, 요즘 지리학과에도 관심이 생겼거든요. 지리 공부하는 것도 너무 재미있어요. 정시보다는 수시가 저에게 유리해요."

"수학을 좋아하고 다양한 방법으로 풀이를 하다보니까 수학 선생님께서 수학 교사를 해보는 게 어떻겠냐고 말씀하셨고 그때부터 수학 동아리도 가입했어요. 거기서 아이들을 가르치는 멘토링까지 하다보니까 제 적성이 '교사가 맞구나' 하는 생각이 들었습니다. 지금은 수학 교사의 꿈을 키워오고 있어요."

"남에게 도움을 주면서 살고 싶다는 마음이 있었는데 가장 도움이 필요한 사람이 아픈 사람이라고 생각했어요. 그래서 간호사가 되기로 꿈을 가졌어요."

저마다 꿈은 달랐지만 지향점은 모두 하나다. 수능에서 좋은 점수를 얻는 것! 목표를 향한 270일의 레이스가 시작되었다.

긴장되고 치열한 생존의 1년

3월 11일, 첫 시험대에 오른 아이들. 바로 고3 들어 처음 맞이하는 모의평가 날이다. 망치면 끝이라는 생각으로 시험에 임한다는 동건이, 만점을 목표로 하는 정호, 모두들 필승의 마음으로 시험에 임한다. 모의평가는 현재 나의 위치를 가늠하게 해주는 평가의 첫발이다. 시험 점수를 파악해서 꿈을 이루기 위한 목표도 다시 설정해야 한다.

시험을 치르고 성적에 대한 막연한 불안감이 점수로 확인되는 순간, 교실 곳곳에서 한숨이 터져 나온다. 망치면 끝이라는 각오로 시험에 임했지만 생각보다 저조한 성적을 받은 동건이. 집으로 돌아가는 동건이의 마음은 무겁기만 하다. 배치표를 아무리 들여다보아도 이 점수로는 원하는 대학을 가기가 어려울 것 같다.

명문대가 목표인 새미도 사정은 다르지 않다. 국어 시험을 망쳐서 마음이 어지럽기만 한데 병마와 싸우고 있는 아버지를 생각하면 마음을 더욱 굳게 다잡을 수밖에 없다. 실망하고 낙담하는 사이, 시간은 또 흘러간다. 사람들은 고3에게는 흔들리지 않는 정신력이 중요하다고 말한다.

한참 하고 싶은 것이 많은 나이인 열아홉. 하지만 고3에게는 공부 외에 다른 활동은 사치로 다가온다. 몇 년 동안 봉사활동을 빠지지 않고 해왔던 새미는 봉사활동에 참여해야 할지 고민에 빠졌다. 봉사활동뿐만 아니다. 건강달리기 대회, 소풍이나 체육대회 등 당연히 여겨왔던 활동도 부담스럽게 다가온다.

"힘들어요. 지금 이 순간 최선을 다하지 않으면 나중에 결과가 안 좋았을 때 후회할 것 같아서요."

숨 가쁜 한 학기를 보내고 고3에게 찾아온 여름방학. "부족한 부분을 보완할 수 있는 절호의 기회이고, 특히 3학년 학생들에게는 고교 생활 중 마지막 기회가 될 것입니다"라는 교장 선생님의 훈화 말씀도 남다르게 느껴진다. 곧이어 학부모 상담이 시작되고 몇몇 아이들을 제외하고는 대부분의 아이들은 부모님을 바라보는 마음이 죄인의 심정이다. 목표는 높은데 눈을 낮추라고 하니 그 마음 또한 답답하다. 그렇게 덜컥 여름방학이 찾아왔다.

"마음이 급해졌어요. 시간이 얼마 남지 않은 것 같아서요. 부담이 몰려와요. 망하면 큰일이잖아요. 이 시간 잘못 보내면 두고두고 후회할 것 같아요."

여름방학은 마지막 승부처이다. 뜨거운 태양을 피해 산으로 바다로 계곡으로 훌쩍 떠나고 싶은 마음을 뒤로하고 대한민국 고3은 학원과 독서실로 향한다. 학원에 가면 수많은 경쟁자들이 눈앞에 보여 마음을 더 조급하게 한다. 경쟁자 속에 갇힌 아득함. 친구들을 이겨야 내가 살 수 있다. 이를 지켜보는 엄마의 마음도 안타깝다.

"너무 치열해요. 이곳 말고도 다른 곳에서 더 치열하게 싸우고 있는 아이들이 있겠구나 생각하니까 우리 아이가 과연 살아남을 수 있을까, 걱정도 생기고요. 지방에서도 학생들이 올라오고 재수생들이 고시원에서 24시간 공부를 하는 것을 보니까 대학을 이렇게까지 해서 가야 되나 싶어요. 우리 아이뿐만 아니라 다른 아이들도 다 전쟁터 같아요."

여름방학이 끝난 직후 치르는 마지막 모의평가. 수능 전에 보는 마지막 모의평가 날이다. 어쩌면 오늘 얻은 점수가 최종 수능 점수가 될 가능성이 높다. 지난 여름방학을 제대로 보낸 것일까? 가뜩이나 움츠려든 고3의 마음은 더욱 조여오고 다들 긴장하여 가슴속까지 떨려온다.

초·중·고 12년, 이 시간을 위해 우리는 앞만 보고 달려왔다.

그래, 우린 최선을 다했다

뜨거웠던 여름이 지나고 단풍이 물드는 10월, 아이들은 극도로 예민해진다. 수시 지원 결과가 하나둘 발표되기 때문이다.

정성스럽게 자기소개서를 쓰고 학생부를 토대로 소신껏 가고 싶은 대학에 지원했지만 결과는 알 수 없다. 아이들은 떨리는 마음으로 결과를 확인한다. 선생님이 되고 싶은 동건이. 하지만 동건이는 지원한 두 대학 모두 불합격 통보를 받았다. 멍하니 앉아 있는 동건이의 어깨가 한없이 무거워 보인다. 혼자 감당하기에는 너무 큰 고통이다. 하지만 다른 누군가에게 나눠줄 수 없는, 혼자 극복해야 할 아픔이기도 하다.

"중학교 때까지는 제가 공부를 잘하는 줄로만 알고 있었어요. 고
등학교 입학해서 받은 점수가 180점이었는데 그 점수가 딱 머리에
박히니까 '난 안 되나 보다'란 생각을 정말 많이 했어요. 어디라도
제발 들어가고 싶어요. 그런데 너무 가고 싶은데 왜 대학교를 가야
하는지는 생각해보지 않은 것 같아요."

동건이뿐만 아니라 수시에 지원한 아이들의 합격 여부도 속속 나왔
다. 붙은 아이, 떨어진 아이, 아이들의 표정에 깃든 기쁨과 절망 속에
하루가 저문다. 떨어진 아이들은 이제 수능에 모든 것을 걸어야 한다.

드디어 수능날이 되었다. 모두들 수능 점수가 우리의 인생을 결정한
다고 한다. 그만큼 인생의 중요한 순간이다. 열아홉 인생에서 가장 크
게 다가오는 긴장감이기도 하다. 학교 건물 앞에 걸린 후배들이 쓴 격
려의 문구가 입구를 밝힌다. "할 수 있다! 날아라!" 얼어붙은 긴장된
마음이 후배들의 따뜻한 격려로 조금은 녹아드는 것 같다. 이제 모든
것을 쏟아부어야 한다. 가혹했던 시간들, 짧은 열아홉 해. 하고 싶은
모든 것을 접어두고 오로지 이 길이 최선이라 생각하고 달려온 아이
들. 무엇을 위해 초·중·고 12년을 미친 듯이 달려왔을까?

"제가 완전히 바뀌어버린 것 같은 엄청난 사건이에요. 지금까지 바
라봤던 세상과 지금 바라보는 세상이 달라졌으니까요. 지금껏 내
가 고3으로서 무엇을 해야 하는가를 찾기 위해서 노력했다면 이

할 수 있다! 날아라! 마음속 응원이 울려퍼진다.

제는 고3이 아닌 나로서 어떤 것을 해야 하는가를 해결하는 게 저의 숙제예요."

정해진 코스만을 달리는 경주마처럼 오로지 수능만 보고 달려온 고등학교 3학년, 수능 성적이 우리의 청춘을 보상해줄 수 있을까? 좋은 점수, 좋은 대학, 좋은 직장이 과연 우리의 인생을 행복하게 해줄까? 숱한 의문들은 훗날 하나씩 밝혀질 것이다. 나에게도 있었던, 또 우리 아이들이 겪을 고3 1년의 레이스는 어떤 의미일까?

좋은 점수, 좋은 대학, 좋은 직장

우리는 무엇을 위해서
이토록 열심히 달려온 것일까요?
좋은 점수, 좋은 대학, 좋은 직장이
우리의 인생을 행복하게 해줄까요?

수능, 혹독한 레이스

고3의 1년은 단기 레이스의 시작이다. 3월의 모의평가와 함께 본격적인 수능 준비 체제가 시작된다. 학생들은 모의평가 성적표를 받아들고 절망과 희망을 느낀다. 모의고사 성적이 그대로 수능 성적이라는 소문이 교실을 떠돈다. 학생들은 자신의 부족한 부분을 확인하고, 이를 보충할 수 있는 학업 계획을 설정한다.

봄 학기를 지내고 나면, 여름방학이 시작하기 전에 6월 모의평가를 보게 된다. 모의평가 성적표와 함께 시작하는 여름방학은 수능의 마지막 승부처가 된다. 모자란 부분을 집중적으로 대비하기 위한 학생들로 학원가가 붐빈다. 지방 학생들의 경우, 서울이나 지역의 거점 도시 학원가에 상경해서 아예 그쪽에 집을 구해서 수능 준비를 시작하기도 한다. 시간과의 싸움이 시작되고 하루에 네 시간만 자고 공부를 해야 대학에 갈 수 있다느니, 화장실 가는 시간도 아껴야 한다느니 하는 이야기들이 떠돈다. 여름철에는 떨어지는 체력을 관리하지 않다가 건강을 해치는 수험생들이 보이기 시작한다.

여름방학이 끝나고 가을 학기가 시작되면 9월 모의평가가 치러진다. 이제 수능이 코앞이다. 성적표를 받고 극심한 스트레스를 느끼며 공부를 마무리한다. 이제 두어 달만 고생하면 된다는 생각으로 정말로 코피 터지게 공부를 하다가 응급실에 가는 수험생들이 발생하기 시작한다. 그리고 11월, 대망의 수능이 진행된다.

고3 생활은 고독한 레이스다. 모든 일상이 수능 시험 공부에 집중된

다. 교실에 있는 친구들이 이 시험의 경쟁 대상이다. 취미 활동을 하기는커녕 친구와 잠깐 편한 시간을 가지기도 힘들다. 절대 시간 자체가 모자라게 느껴진다.

그리고 이 과정은 외롭다. 아무도 도와줄 수 없다. 사소한 일로 교실에서 싸움이 벌어지기도 하고, 이 사소한 싸움은 '공부하는 데 시끄럽게 왜 방해를 하냐'는 지적이 오가며 더 큰 싸움으로 번지기도 한다.

운동을 통해 건강을 관리할 여유도 모자라고 정신적 스트레스는 쌓여가며 하루 종일 앉아서 공부를 한다. 육체적 건강도 피폐해진다. 이러한 정신적·육체적 스트레스로 10대 학생들이 탈모에 걸리기도 하는 지경이다. 수면도 부족하다. '중학교 1학년부터 고등학교 3학년 사이의 청소년들의 수면 건강 실태 및 일상 생활에 미치는 영향 연구'에 따르면, 한국 청소년의 주중 하루 평균 수면 시간은 중학생이 7.1시간, 일반계 고등학생은 5.5시간, 특성화계 고등학생이 6.3시간이다. 하루 평균 수면 시간이 권고치(8시간)에 못 미치는 학생 수는 중학생이 74퍼센트, 일반계 고등학생은 무려 97.7퍼센트, 특성화계 고등학생은 89.8퍼센트에 달했는데, 수면 시간이 짧을수록 우울 지수가 높고 자살에 대한 생각과 충동이 높은 것으로 나타났다.

또한 수능만이 입시의 전부가 아니라는 것은 스트레스를 가중시킨다. 수시 입학 제도 초기 30퍼센트도 되지 않던 수시 비중은 이제 70퍼센트 정도가 되었다. 수능 한 번도 중요하지만, 고등학교 생활 전반이 중요해졌다. 비록 수능이 1년 앞으로 남은 고3이지만 내신을 소홀히 할 수 없고, 수능과 내신 모두를 공부하면서 수시모집 지원서를 작성해야 한다. 논술이나 면접 같은 별도의 전형이 있는 경우 그것을 준비해야 한다. 대한민국의 국민들은 인생에서 가장 빛나는 시기인 10대를 '대학 입시'를 위해 마지막 한 방울까지 쥐어짜야 한다.

문제는 입시다

대한민국에서 가장 큰 규모의 시험은 대학수학능력시험이다. 한 해에 약 60만 명이 시험을 치르며, 출생자 수 대비 응시율은 90퍼센트 전후다. 대한민국에서 출생한 사람들의 거의 대부분이 수능에 응시한다고 할 수 있다. 개인의 삶에 끼치는 영향 등을 종합적으로 고려했을 때, 대한민국에서 가장 크고 중요한 시험은 수능이라고 할 수 있다.

수능의 비중이 아무리 줄어든다 해도, 대한민국의 입시 제도가 굳건하게 존재하는 한 수능은 입시의 '대표성'을 띄는 시험으로 존재한다. 입시 시험이 존재하는 이유는 한정된 대학에 진학할 인원을 선별하기 위한 것이다. 그리고 좋은 대학에 가는 것은 상대적으로 나은 삶의 질을 보장해준다.

하지만 입시 이전의 삶이 오직 입시만을 위해 존재하고, 입시가 입시 이후의 삶의 질을 절대적으로 통제한다면, 개인의 삶은 불행해지고 입시를 둘러싼 사회적 문제가 심화되는 것은 당연하다. 그리고 실제로 한국 사회는 이러한 '입시 중심주의'의 병폐를 겪고 있다.

최필선 박사의 '수능성적이 초기 노동시장 성과에 미치는 효과' 연구를 읽어보면, 수능 점수가 높아짐에 따라 임금이 높아지는 패턴이 분명하게 나타난다. 좀 더 구체적으로 보면 수능 점수가 높아질수록 취업 확률은 낮아지지만, 취업을 한 경우 임금은 수능 점수에 비례한다. 특히 수능 점수 하위권이 중위권이 되는 경우에는 임금 상승이 미미한데 반해, 중위권이 상위권이 되면 임금이 7.8~15.8퍼센트 정도로 크게 증가한다. 특히 영어 점수가 임금 상승과 많은 상관 관계를 보인다.

좋은 수능 점수는 좋은 대학의 진학으로 이어지고, 좋은 대학 진학은 좋은 직장과 높은 임금으로 이어진다. '수능 점수'가 개인의 노력과 재능을 정확히 평가하는 시험이 되고, '대학 입시' 과정이 수능 점수와 다른 영역에 대한 평가를 기초로 훌륭한 학생들을 선발하는 과정이며, 그렇게 입학한 학생들이 양질의 대학 교육을 받아 훌륭한 인적 자원이 된다면 이는 바람직하고 좋은 일이다. 또한 입시 경쟁에서 조금 밀려난 경우라도, 직업 교육 등의 다른 대안을 택하여 삶을 살아가는 데 큰 지장이 없다면 훌륭한 교육·사회 체계를 갖추고 있는 것이다. 하지만 현실은 그렇지 않다. 입시는 너무 많은 것들을 한 번에 결정하며, 이러한 경쟁에서 밀려난 경우, 삶의 질은 떨어지고 다른 종류의 대안을 찾기 어렵다.

수능과 입시, 우리에게 던져진 질문

수능의 원래 목적은 적절한 기초 지식과 사고력을 기르는 데 있고, 수능 제도에 비판적인 입장을 가진 학자들도 수능 자체는 어느 정도 이러한 목적을 달성하는 데 성공하고 있다고 인정한다. 과도한 경쟁의 문제는 수능 자체가 가지고 있는 내적인 문제라기보다, 수능과 입시 제도를 둘러싼 사회적 맥락의 문제에 가깝다.

한 번의 시험으로 서열화가 결정되면서 수능은 지금까지 받아온 12년의 교육을 단 하루에 평가하는 시험이 되었다. 조금 더 과격한 주장을 하는 사람들에 따르면, '탄생 이후 18년간의 인생'의 결과를 하루에 평가하고, 이후의 미래를 결정하는 시험이라고 한다. 시험은 아이들에게 과잉 학습을 하고 과잉 노동을 하도록 만들고 있다. 수십만 명의 아이들이 동시에 시험을 보고 일렬로 서열이 매겨진다. 하지만 그 과정에서 개인이 가지고 있는 다양한 능력은 축소되고, 가두어질 수밖

좋은 수능 점수는 좋은 대학으로, 좋은 대학은 좋은 직장과 높은 임금으로 이어지는 잔혹한 레이스.

에 없다.

> "지금 아이들이 하는 공부는 '얼마나 실수하지 않고 빠른 시간 내에 문제를 잘 풀어나가느냐'에 초점이 맞추어져 있습니다. 아이들은 수능을 준비하면서 본 것을 보고 또 보면서 반복합니다. 불필요한 공부지만 인생에서 너무 중요하게 작용하기에 이렇게 공부할 수밖에 없는 거죠."
>
> —이경숙(교육학 박사)

한 번의 시험이 그 사람의 모든 것을 말해주지는 않는다. 그렇다면 우리에게 필요한 시험의 모습은 어떤 것일까? 수능 시스템을 설계하고 시행을 주도한 수능 창시자 박도순 교수는 우리에게 필요한 시험의 모습을 이렇게 말한다.

> "시험으로 교육 자체가 왜곡될 수 있습니다. 수능 점수가 그 사람의 모든 능력을 나타내지 않거든요. 시험에서 좋은 점수를 받았다고 꼭 사회 생활을 잘하는 것이 아니에요. 사회 생활에서 필요한 인간의 덕목이 다르기 때문이죠. 단지 목적달성을 위한 수단으로 교육을 생각하게 되면 교육의 효율성을 강조하게 되고 문제가 생기는 거죠. 학생들이 학교에서 행복하고 즐거운 자체가 중요한 것이지 시험으로 불행하다면 잘못되고 있는 거죠. 사람의 능력을 계발시켜주고 장점을 찾을 수 있는 시험, 평가가 우선인 시험이 아닌, 무엇이 부족한지 알아서 도와주고 지원해주는 시험이 되어야 합니다. 하나로 귀결되는 것이 아니라 모든 사람이 다르다는 전제로 다양성을 인정할 수 있는 시험이 우리에게 필요합니다."

세계 교육 경쟁력 1위 국가인 핀란드는 '덜 가르칠수록 효과적이다'라는 신념을 바탕으로 한 교육 개혁을 통해서 '시험이 교육의 질을 높이는 필요조건'이 아님을 증명했다. 시험을 없애고 모든 학생이 즐겁게 배울 기회를 갖는 것에 중점을 둔 결과, 학업 성취도와 공부 효율성, 흥미도 면에서 탁월한 결과를 나타냈다.

매일 늦은 밤까지 인생에 어떤 의미가 있을지 모를 지식을 암기하며 학창 시절을 소비하는 아이들. 소중한 십대의 시간을 잃어버린 아이들

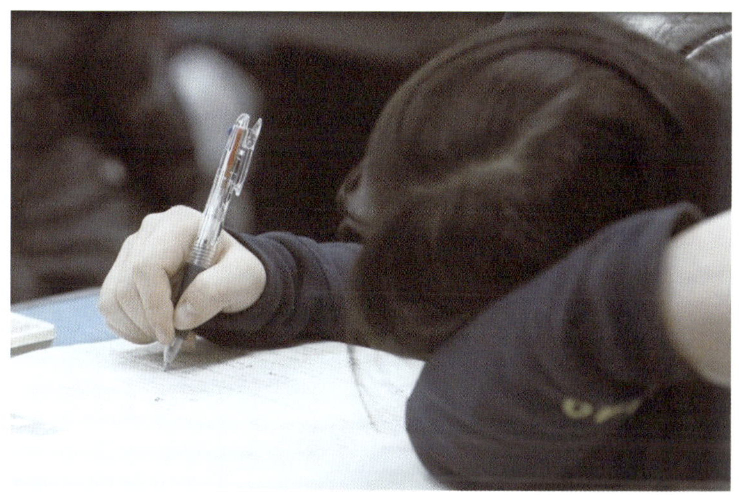

시험이 아이들을 불행하게 만든다면 잘못된 일이다.
무엇을 평가해야 할지, 시험의 기능을 되돌아봐야 한다.

에게 학업뿐 아니라 다양한 소질과 흥미를 계발할 수 있도록 정책적
지원과 우리 모두의 관심이 필요하다.

나는 이 문을 통과하고 싶다

불안감을 잠재우는 길은 오직 공부
선승이 도를 닦듯, 끝없이 자신을 채찍질하는
고통스러운 수행

수백 개의 공무원 시험 학원이 밀집한 노량진은
국내 최대 규모의 공무원 시험공시公試 시장이다

노량진 학원가에는
하루에도 수천 명씩 공시생이 몰려든다
공시생들은 지금 어떤 길을 가고 있을까?

노량진역
노량진역
CARPE DIEM

공무원의 좁은 문을 뚫고 들어가기까지

한 해에 약 20만 명이 공무원 시험에 응시한다. 노량진 고시촌에는 45만 명이 공무원 시험을 준비한다. 수능 다음으로 규모가 크며, '국가의 일꾼'을 뽑는 중요한 시험이다. 공무원 시험은 수능만큼 삼엄한 경계 속에서 준비되고 시행된다.

건물 곳곳에 설치된 카메라에서 감시의 시선이 번뜩이고 있는 곳. 출입하는 사람들은 삼엄한 검색을 받아야 한다. 이곳에 들어올 수 있는 사람은 극소수, 특별한 선택을 받은 사람들이다. 지금까지 단 한 번도 세상에 공개된 적이 없는 비밀스러운 공간, 이곳은 공무원 시험 출제센터이다. 출제위원들은 입소 사실마저 주변에 알려서는 안 된다. 출제센터에 들어오는 순간부터 모든 통신이 단절되고 인터넷조차 활용할 수 없다. 출제위원들이 입소하면 센터의 문을 밖에서 걸어 잠근다. 오늘부터 시험 당일까지 그 누구도 이곳에서 나올 수 없다. 공무원 시험 시즌이 시작된 것이다. 공무원 시험 준비생에게는 계절의 변화가 없다. 시험에 합격할 때까지 모든 계절은 오로지 겨울이다.

2년째 5급 공무원 시험인 행정고시를 준비하고 있는 호준 씨. 고시는 보상이 큰 만큼 위험도 높은 시험이다. 합격하면 그만한 영광이 없지만, 불합격할 경우 그동안의 세월을 보상받을 길이 없다. 이 길이 아니면 대안이 없기에 마음은 늘 불안하다.

"1차 모의고사를 30점 맞은 적이 있는데 그때가 제일 힘들었습니다. '넌 멍청한데 왜 고시를 준비했어? 내가 이렇게 똑똑하지 못한 걸 알았으면 시작 안 했을 텐데' 하고요."

불안감을 잠재우는 길은 공부밖에 없다. 새벽부터 밤늦도록 책을 파고 또 파고 들어간다. 끝없이 자신을 채찍질하는 고통스러운 수행, 이것이 고시 공부다. 옛날 과거 시험을 준비하던 선비들은 수많은 붓을 닳도록 써야 급제를 했지만, 고시 준비생들은 볼펜을 닳도록 쓰고 또 써서 고시 공부를 한다. 수백 자루의 볼펜이 닳아 손가락에 굳은살이 생겼지만 여전히 합격의 길은 멀기만 하다.

"불합격할 거라는 생각이 드는 게 너무 괴로웠습니다. 열심히 한다고 해도 합격이 보장돼 있는 게 아니니까요."

수백 개의 공무원 시험 학원이 밀집한 노량진은 국내 최대 규모의 공시 시장이다. 노량진 학원가에는 하루에도 수천 명의 공시생들이 몰려든다. '헬조선'이라 불리는 대한민국. 극심한 취업난이 계속되면서 공시생이 무려 45만 명이나 된다. 엄청난 고시생 수만큼이나 고시생을 둘러싼 산업도 거대하다. 학원과 출판 등 공시 시장 규모는 2천억 원에 이를 정도다. 판이 커지면서 경쟁도 치열해졌다. 공시 출제자가 호랑이라면 출제 경향에 휘둘리는 공시생은 나약한 토끼다. 자신이 말하는 대로 따라오기만 하면 된다는 공시 학원 강사들은 공시 생태계의 중간포식자라고 할 수 있다. 한 공시 학원 강사의 말도 이를 뒷

수백 개의 공무원 시험 학원이 밀집한 노량진은 국내 최대 규모의 공시 시장이다.

받침해준다.

"시험이 존재하는 한 학원도 함께 존재할 수밖에 없어요. 왜냐면 패턴이 없는 시험은 없거든요. 그럼 그 패턴을 열심히 연구하고 효율적으로 패턴에 접근할 수 있는 방법을 전달해주는 사람이 필요하겠죠. 그걸 쉽게 얻기 위해서 학원에 오는 거고 그걸 전달해주는 사람이 강사인 거죠."

공무원 시험은 범위가 넓기 때문에 어려울 수밖에 없다. 특히 암기력이 중요하다. 한 문제 차이로 당락이 결정되기도 한다. 시험 관계자는 "시험 유형 트렌드가 많이 바뀐다고 하더라도 교과서에서 완전히 벗어나는 문제가 나오지 않는 한, 교과서 내에 있는 건 완전히 통째로 삶아먹어야 돼요. 통째로 암기한단 얘기죠"라고 말한다. 암기가 중요한 시험인 만큼 암기방까지 등장했다. 암기를 잘해야 합격한다는 믿음 때문이다.

"소수림왕은 소림으로 압축을 했어요. 불교수용, 율령반포, 태학설립 이런 것들은 불태율로 압축합니다. 불태율이 아니라 불태워로 외우세요. 그러면 소림사를 불태웠다. 연상법이에요."

9급 공무원 시험은 오지선다형 객관식 시험이다. 국어, 영어, 한국사 등 필수 세 과목 외에 직렬에 따라 2과목을 선택해 총 5과목을 평가한다. 이 시험은 속도전이기도 하다. 한 과목에 20문항씩 총 100문제가 출제되는데 시험 시간은 100분으로 제한되어 있다. 1분에 한 문제를 푸는 순발력이 필요하다. 경쟁률은 기본이 50대 1에 육박한다. 백 명 중 한두 명이 합격하게 된다. 경쟁률로 보면 5급 시험보다 훨씬 치열한 시험이다. 관문을 통과하기는 바늘 구멍에 낙타 들어가기보다 어렵다. 자연히 달달달 외울 수밖에 없다. 모든 과목을 암기할 정도의 수준이라야 합격의 희망을 가질 수 있다. 그런데 우리는 과연 암기 잘하는 공무원을 필요로 하는 것일까?

7, 9급 공무원 시험의 문제 : 시험 문제를 잘 푸는 것

7급과 9급 공무원은 다양한 직렬과 선발 과정을 갖추고 있으나, 기본적으로 '국어, 영어, 한국사'를 필수로 행정학, 경제학, 지방자치론 등의 몇 가지 선택 과목들이 존재하는 식으로 구성되어 있다. 기본적으로 이 시험은 '얼마나 많이 공부했는지'를 최대한 타당하게 평가하는 시험이다. 기본적으로 한국의 공무원 채용은 공개채용경쟁을 통해 실시된다. 학력, 전공, 연령 등의 응시자격에 대한 제한 없이 필기 시험을 통해 모두에게 기회를 균등하게 제공하고, 객관적이고 엄정한 평가를 하는 것이 중요하다.

과연 현재의 공무원 시험은 '공무원의 자질'을 갖춘 사람을 뽑는 데 적절한 역할을 하고 있을까? 여기 두 가지 문제가 있다. 하나는 공채 시험에서 치러지는 필기 시험이 실효성이 있는가 하는 문제이다. 시험의 타당도와 변별력을 위해 직무 수행상의 필요 이상으로 높게 책정된 난이도는 응시생들에게 온갖 사소한 문법과 역사 지식들을 암기시킨다. 공무원의 직무 수행에 필요한 지식적 역량은 그보다 전문적인 능력일 것이다. 오히려 현재 선택 과목으로 존재하는 행정법 쪽이 실제 행정을 담당하는 공무원에게 훨씬 필수적인 직무직능일 수 있다.

두 번째 문제로는 이러한 필기 시험으로 공무원의 '직무역량'을 파악할 수 없다는 데 있다. 공무는 관련 분야에 대한 전문 지식과 함께 책임감과 사회에 대한 봉사정신, 높은 시민의식 등을 필요로 한다. 필기 시험이 공무에 적합한 전문 지식을 묻는 방향으로 좀 더 실용성

있게 재편된다고 하더라도, 시험에 통과한 인원이 실제로 공무에 적합한 자질을 갖추고 있는지에 대해서는 알 수 없다. 소수의 인원을 선발하는 5급 공채와 달리, 7, 9급 공채는 굉장히 대규모로 이루어진다. 이들의 직무적성을 면접 등으로 일일이 살펴보기는 힘들다. 이러한 공무원의 자질 문제에 대하여, 학계에서는 공무원 인턴십 프로그램의 강화, 교육훈련 강화 등을 가능한 대안으로 제시한다.

직업으로서의 공무원은 다양한 장점을 가진다. 직업 공무원에게 다양한 장점이 있는 이유는, 공무원이 그만큼 우리 사회에서 중요한 일을 맡는 위치이기 때문이다. 기업 행정이 잘못되면 어느 정도의 사회적 파장이 있겠지만 본질적으로 그 피해는 해당 기업에 집중된다. 하지만 국가 행정에 문제가 발생하면 모든 국민들이 피해를 보게 된다. 이러한 중요성을 인지하고, 현행 공무원 시험이 가진 제도적인 문제점들을 해결하는 것은 중요한 문제다.

5급 공무원 선발 : 면접은 대안이 될 수 있을까?

5급 공무원 시험은 1차로 영어, 한국사와 PSAT을 통해 진행되고, 2차로 논술을 통해 진행된다. 그리고 마지막으로 면접이 진행된다.

PSAT은 공직적격성평가Public Service Attitude Test의 줄임말로, 공무원 선발 시험의 기본 틀을 만들기 위해 고안된 기초 시험이다. 언어논리 영역, 자료해석 영역, 상황판단 영역으로 이루어져 있다. 이러한 1차 시험을 통과한 사람들은 2차 논술 시험을 치르게 된다. 행정법, 경제학, 정치학, 선택과목 등 하루에 한 과목씩 5일 동안 5과목을 본다. 한 과목당 세 문제가 출제되며 이 시험에서 좋은 점수를 받기 위해서는 기본적인 개념의 암기, 이해력, 논리적 사고능력을 종합적으로 필요로 한다. 채점은 출제위원들이 하게 되는데 먼저 10퍼센트 정도의 샘플 답안지를 채점해 객관적인 기준을 세운 후 채점을 진행한다. 출제위원들은 채점 과정에서 수험자의 유의사항을 다음과 같이 들려주었다.

"중요한 용어, 개념, 이론 들은 눈에 띄게 쓰면 좋습니다. 밑줄을 긋거나 색깔을 칠하진 않더라도 줄 바꿔쓰기를 잘 해도 잘 보이죠."

5급 공무원 시험에서는 면접도 주요한 선발 과정이다. 끝까지 긴장을 놓을 수 없다.

"글씨가 가늘거나 글자 폭이 좁으면 눈에 들어오지 않습니다. 읽다 보면 굉장히 피곤해요. 물론 집중해서 읽긴 하지만 아무래도 더 엄격한 기준으로 들여다보게 됩니다."

3차는 면접 시험이다. 시험자들이 공직에 필요한 여러 덕목과 자질을 갖추고 있는지를 심층적으로 파악하기 위한 것이다. 공직자에게는 책임감, 봉사정신, 희생정신, 애국심 등이 요구된다. 필기 시험을 통해 이러한 덕목과 가치들을 확인할 수 없기 때문에, 면접을 통해 이것을 확인하려는 것이다.

하지만 현실적인 문제가 존재한다. 공무원이 되려는 수험생들은 3차 면접 시험마저 반복과 숙달을 통한 시험으로 접근한다. 3차 면접 시험을 준비하기 위한 면접학원마저 등장했다. 학원은 기출 문제를 검토하여 예상 문제를 만들고, '최대한 정답에 가까운 답'을 제시한다. 수험자들은 그렇게 나온 답을 성실하게 외운다. 필기 시험과 마찬가지로 면접 또한 암기 공부의 대상이 된 것이다.

물론 면접관들은 최선을 다해서 수험자의 자질을 파악하려고 한다. 하지만 여기서도 '시험의 기술'은 중요해진다. 답변의 내용에 꼭 들어가야 할 내용들이 존재하며, 답변을 표현하는 방식도 기술이다.

> "꼭 젊은이들이 직업 안정성을 찾아서만 공무원으로 몰려오고 있다고는 보지 않습니다. 대한민국 공동체의 발전과 행복을 위해서 어떠한 역할을 할지 공직관이 확립된 사람들을 뽑으려고 노력을 하고 있습니다."

위의 말처럼 정부는 안정된 직장을 찾는 사람보다 공직관이 투철한 사람들을 뽑겠다고 이야기한다. 하지만 현실은 많이 암기해서 시험을 잘 치는 사람들이 선발된다고 한다. 아이디어나 판단력, 순발력을 가진 학생들보다는 성실하게 열심히 공부하고 빠짐없이 암기하여 예상 문제를 잘 맞혀서 푸는 학생들의 합격률이 높다는 것이다.

시대가 변하며 공무원의 일도 변하고 있다. 예전처럼 책상에 앉아 단순한 행정 업무를 반복하던 공무원의 시대는 끝났다. 사기업만큼은 아니지만, 공직 사회에도 '경쟁'과 '혁신'이 중요한 키워드로 자리매김

되고 있다. 주요 부서의 팀장급, 과장급 공무원들은 자주 야근을 하며, 주말에도 출근할 때도 있다. 치열한 경쟁률을 뚫고 공무원의 세계에 입성한 이들은 국가적 사명감에 대한 인식도 새롭게 재정비한다. 공무원이 되기까지 그들은 어떤 과정을 밟아왔을까?

공시생에게는 계절의 변화가 없다

시험에 존재하는 두 부류의 인간
합격자와 불합격자

웃으며 떠나는 합격자
또 다시 기약 없는 시험 준비에 들어가는 불합격자

합격과 불합격, 노량진 육교에 서서

EBS 제작진은 5급 공무원 논술 시험이 치러지는 현장을 취재하기로 했다. 긴장감이 감도는 시험장. 논술 시험을 보는 수험생들은 이미 PSAT라 부르는 1차 객관식 시험을 통과한 공부의 달인들이다.

드디어 시험 문제가 공개되는 시간. 한 과목당 세 문제가 출제되고 먼저 문제를 분석하여 답을 생각한 후, 어떤 순서로 적을지 목차를 정리해야 한다. A4 열 장 내외로 답안지를 채워야 하고 기본적인 개념을 암기한 바탕 위에 이해력과 논리적인 사고가 필요한 시험이다.

> "예전엔 얼마나 많은 지식을 소유하고 있느냐를 평가했는데 요즘엔 지식정보시대에 걸맞은 인재를 뽑기 위해 노력하고 있습니다. 그래서 주안점을 둔 것이 정보파악능력 즉, 새로운 정보를 추론할 수 있는 능력을 평가합니다."
>
> —공무원 시험 출제위원

시험을 보고 난 후 수험장을 빠져나오는 수험생들의 얼굴이 복잡해 보인다. 이 시험을 위해 모든 생활을 버리고 24시간 시험형 인간으로 살아왔다. 수 년을 준비한 시험, 1년에 한 번 있는 시험이기에 한 번만 삐끗해도 내년을 기약해야 한다.

해마다 공시생들은 점점 더 많아지고 경쟁률은 더욱 치열해진다. 그렇다면 합격과 불합격을 가르는 요인은 무엇일까? 사법고시를 준비했

이 시험을 위해 24시간 시험형 인간으로 살아왔다.

던 최규호 변호사의 생각을 들어보기로 했다. 첫 번째 고시에 낙방했던 최규호 변호사는 두 번째 고시를 준비할 때는 목숨을 걸었다. 충치가 신경을 예민하게 만들자 흔들리지도 않는 어금니를 뽑을 정도로 절박한 심정이었다. 그 절박함이 공부의 원동력이 되었다.

"시험에 떨어지면 갈 곳이 없어요. 나이도 서른을 넘은 상태라 취업하기도 힘들죠. 사람들이 배수의 진을 치고 준비하는 게 이 시험입니다. 떨어졌을 때는 대안이 없거든요."

공부를 위해 모든 관계를 단절했다. 그의 삶에서는 잠과 공부, 식사 이 세 가지만이 존재했다. 어버이날, 명절은 남의 일. 자식의 도리조차 그에게는 사치였다. 공부의 몰입을 방해하는 것이면 아주 사소한 것이라도 바꾸었다. 필기도구도 직접 고르고 심지어 옷과 양말까지 공부에 맞춰 골랐을 정도였다. 그렇게 시험에 모든 것을 걸고 나서야 합격할 수 있었다. 그는 다시 기회를 주더라도, 또 다시 1년이 주어져도 그때보다 더 잘할 수 없을 정도로 절박하게 공부를 했다고 말했다. 시험에 모든 것을 걸었던 그는 합격의 기쁨을 거머쥐었다. 하지만 수백만 공시생 모두에게 해피엔딩의 선물은 주어지지 않는다.

9급 공무원 시험 합격자 발표날! 노량진 학원가에 긴장감이 감돈다. 합격하면 지난 몇 년 동안의 고생을 한꺼번에 보상받겠지만, 떨어지면 또 다시 1년을 죽어지내며 불안과 외로움 속에서 자신과의 싸움을 해야 한다. 합격과 불합격의 기로, 어제까지는 같은 처지였지만 하루 사이에 심리적 위상은 하늘과 땅 차이다.

불합격의 소식을 받아든 공시생의 눈에서 초점이 사라진다. 만감이 스치는 표정이다. 무엇이 잘못되었을까, 되뇌는 이 순간이 너무나 길게 느껴진다. 다시 1년, 인생의 계획을 미뤄둘 수밖에 없다. 힘겹지만 그렇다고 포기할 수도 없다.

수많은 공시생들이 합격의 꿈을 이루기 위해 건넌 노량진의 육교. 1980년 완성된 노량진 육교는 35년 동안 공시생들의 꿈과 희망, 성공과 좌절을 지켜봐왔다. 철거되기 전까지 공시생들의 꿈과 현실이 교차하는 경계가 바로 노량진 육교였다.

공시생들의 아픔과 외로움을 함께했던 노량진 육교가 철거되었다.

"처음엔 다리를 건널 때마다 지옥에 들어가는 느낌이었어요. 외딴 섬에 들어가는 느낌이랄까."

"다리 위를 왔다갔다 하는 게 외로웠어요. 다리 위에서는 유독 바람이 많이 불어요. 그래서 더 쓸쓸했어요. 다리를 건널 때마다 철저히 혼자가 된 느낌이었어요."

공시생들의 땀과 눈물, 환호와 탄식이 어린 노량진 육교는 이제는 역사 속으로 사라졌다. 하지만 여전히 수많은 공시생들이 대한민국을 채우고 있다. 해마다 경쟁률은 최고치를 경신한다. 길 잃은 대한민국의 청춘들. 우리는 왜 이토록 시험에 매달리는가.

시험 : 일발역전의 기회

대한민국이 시험 공부에 이처럼 '목을 매는' 이유는 간단하다. 시험은 일발역전의 기회가 되기 때문이다. 수능을 잘 보아서 명문대에 가면, 이전의 삶의 과정은 더 이상 중요하지 않은 일이 된다. 그리고 이후의 삶의 과정도 훨씬 편해진다. 학점이 중요하다지만 낮은 학점을 받은 명문대 학생이 높은 학점을 받은 비명문대 학생보다 쉽게 취업한다. 실제로 존재하는 학벌에 대한 차별은 학점의 문제를 가뿐히 뛰어넘는다.

대한민국의 입사 시험은 '시험 이상의 것들'을 필요로 한다. 채용 과정에서 학벌과 성별, 그리고 그 외의 다양한 것들이 직간접적으로 중요한 역할을 한다.

최근 몇몇 기업의 입사 원서에서 '부모의 직업'을 물어 문제가 된 적이 있었다. 이러한 사회적 분위기에서, 다른 조건 없이 '시험 한 번'으로 채용이 결정되는 공무원 시험은 매력적인 대안이 된다. 그리고 그 시험에 통과하기만 하면 모든 것이 불확실한 세상에서 안정적인 직업을 가질 수 있다는 것도 매력적이다.

그 앞의 문제와 그 이후의 문제를 모두 해결해주는 일발역전형 시험일수록 '중요한 시험'이 된다. 수능과 공무원 시험이 그렇고 전문직

자격 시험이 그렇다. 반대로, '자격증 시험'은 상대적으로 중요도가 떨어진다. 자격증이 있으면 조금 더 유리할 수 있지만, 그것이 인생을 뒤집어주지는 못한다.

중요한 시험은 '공부를 평가'하는 역할보다는 '서열화'하는 선별의 기능이 강하다. 수능이나 공무원 시험의 기초 철학은 더 좋은 학생을 선발하고 더 적합한 공무원을 선발하는 데 있다. 그러나 선발 과정 자체의 중요성이 지나치게 비대해진 나머지, 시험은 점차 '시험을 위한 시험'이 된다. 더 어렵고, 더 변별력 높고, 더 사소한 문제들이 출제된다. 이러한 시험을 준비하기 위해 공부의 과정은 중요하지 않다. 공부의 의미를 묻는 것도 무의미하다. 중요한 것은 주어진 정답을 효과적으로 외우는 것이다. 그리고 수험생들은 실제로 목숨을 걸다시피 열심히 공부할 것을 외운다.

학벌, 연령과 상관없이 균등한 기회가 주어지며, 시험에 통과하기만 하면 안정적인 평생직장이 보장되는 길. 우리는 그렇게 시험 공화국에 진입한다.

우리는 삶이 버겁다

'복학왕'이라는 네이버 웹툰이 있다. 고등학교 시절 패션과 청춘의 낭만을 따르던 친구들의 이야기인 '패션왕'의 후속작으로, 패션왕에 등장한 인물들이 세칭 '지잡대'에 입학하고, 군대를 갔다 복학하여 사회 진출을 고민하는 것을 다루는 이야기다. 지독한 리얼리즘이나 정도가 지나친 냉소와 풍자가 담긴 이 웹툰에서 '9급 공무원'이라는 소제목으로 공무원 시험을 준비하는 대학생의 일상을 다룬 적이 있다. 그리고 이 에피소드는 어떠한 논란도 없이, 작품 내 에피소드 중 가장 높은 평점과 다양한 찬사를 받았다.

작품은 도서관에서 마주친 04학번, 그러니까 11년 전에 대학에 입학한, 서른 살이 넘은 공시생으로부터 시작한다. 지금은 머리도 빠지고 친구도 없지만, 한때는 청년이었던 주인공은 대학을 졸업하고 공무원 시험을 준비한다.

"운전면허보다 쓸모없는 졸업장은 따서 뭐 하려고!"

그는 좋지 않은 지방대를 졸업했다. 공무원 시험은 그가 취직을 하기 위한 최후의 보루다. 그는 도서관에 틀어박혀 공부를 한다. 친구도 자주 만나지 않는다. 그는 SNS를 통하여 가끔 친구의 근황을 확인할 뿐이다. 나름대로 열심히 공부하지만 집중이 잘 되지는 않아 게임도 하고 술도 마시기도 하면서 시험을 준비하나, 결국 떨어진다. 시험장에서 그는 명문대 점퍼를 입은 학생들을 보며 좌절한다.

"늬들은 대기업 가라고! 엘리트들이잖아! 지방대도 좀 먹고 살자! 대기업에 자리가 없니! 그래서 온 거냐?"

노량진 다리를 건너는 공시생들, 우리는 삶이 버겁다.

첫 시험에서 물먹은 그는 노량진 고시촌에서 본격적인 공부를 시작한다. 노량진에 고시원을 잡고, 스마트폰을 없앤다. 고시원 방에서 기르는 미니 선인장은 그의 유일한 말동무가 된다. 그는 열심히 공부하지만 실패한다. 삶은 피폐해지고 그는 독서실에서 스트레스로 소리를 지르다 미친 사람 취급을 받는다. 마지막으로 다시 시험에 도전하고, 합격 여부를 밝히지 않는 열린 결말로 에피소드는 끝난다.

이 에피소드는 극단적인 예일까? 과장된 만화적 요소가 담긴 웹툰이지만 이 에피소드는 공시생의 삶을 충분히 잘 그려냈다.

웹툰의 등장인물들처럼, '면허증보다 쓸모없는 졸업장'을 가진 사람에서부터 '대기업에 자리가 없어 오는 명문대 학생'에 이르기까지 다양한 사람들이 공무원에 도전한다. 경쟁률은 세 자릿수가 되었고, 시험의 난이도는 더 높아졌다. 공무원 시험을 오랫동안 준비하는 속칭 '장수생'들은 점차 빠르게 늘어나고 있다.

공시생의 일과는 공무원 시험 준비에 집중되어 있다. 아침 일찍 일어나서 씻고, 하루 종일 공부를 한다. 영어 단어를 암기하고, 학원에 가서 수업을 듣고, 들은 내용을 복습한다. 이들의 일과는 대단히 계획적이고 타이트하다. 가족들의 눈치를 받지 않기 위해 아침 일찍 독서실로 출발하고, 밤늦게 돌아온다. 24시간 내내 누구와도 대화하지 않는 날들도 많이 있다.

'공무원 시험 장수생의 사회적 연계 단절'에 대해 연구한 정근하의 연구에서, 다수의 장수생들은 가족 이외에 5분 이상 대화할 상대가 없다고 이야기했다. 시험 공부에 열중하는 것은 당연하지만, 사회적 관계의 단절은 정신 건강에 악영향을 미치며, 공무원 시험에 실패한 이후의 궤도 수정을 어렵게 하는 요인으로 작용한다.

9급 공무원 준비생들의 가장 큰 커뮤니티인 '9급 공무원을 꿈꾸는 사람들(이하 9꿈사)' 게시판에, 누군가 공시생의 심경변화를 정리해둔 글이 있다. 1년차는 자신만만하다. 그날의 계획을 달성하지 못하면 약간의 자학을 하게 되지만 쉽게 회복된다. 시험이 다가올수록 불안해지다가 시험에 실패하고 2년차가 된다. 첫 시험일 뿐이라고 자위하며 2년차에 접어든 공시생은 자학이 늘어나게 되고, 심한 스트레스를 받게 된다. 주위의 눈총도 따갑다. 3년차가 되면 깊은 자괴감과 분노, 의욕상실을 느끼며 그 이상이 되면 대인기피, 환청, 우울증 등의 정신병을 경험하게 되거나 체념과 해탈의 정서를 느끼게 된다. 인간 관계는 거의 단절된 상태다.

이들의 정신 건강은 위험한 수준이다. 공시생들이 우울증과 자살 충동을 느껴본 비율은 일반인의 3배가량 높다. 공무원 시험 준비가 장기화되면 정신적으로도 피로해지며 사회적으로도 배제된다.

"여기서 패배하면 갈 곳이 없다. 그래서 이 길을 포기할 수 없다."

성장을 주도해야 할 미래 인력인 젊은 세대들이 모두 공무원 시험에 올인하고 있는 기형적인 사회, 우리는 '현실을 인정하고 그 속에서 살아남아야 한다'는 냉혹한 무관심으로 이들을 경쟁 속으로 내몬 것은 아닐까? 대안이 없는 선택, 출구 없는 미래. 젊은 세대와 청년들이 희망과 의지를 가지고 미래를 꿈꿀 수 있도록 제도적인 지원이 절실하다. 우리 사회의 지속 가능한 성장을 위한 투자가 더 이상 늦춰질 수 없다.

그리고 사라진 능력들

“생애 전체를 통해
우리의 사고를 발전시켜야 할 때이다.”

국제성인역량조사 _{PIAAC}

PIAAC VS. PISA

- 한국 청년의 상대적 역량 저하가 교육을 통하여 인적자본을 활발히 축적할 17~19세에서 20~22세로 넘어가는 기간에 집중적으로 일어남
- 중3때 실시한 PISA 성적은 세계 최고 수준이었던 우리 학생들이 그 후 20대에 실시한 PIAAC 성적에서는 훨씬 기대에 미치지 못했음

우리나라 성인의 역량은 20대 초반에 정점에 이른 후
나이가 들수록 급격히 감소한다

시험에 목숨을 건 공부는
'100세 시대'의 사회에서
생애 초기 공부에만 투자한다

남은 80퍼센트의 삶에서
능력은 도태되고 만다

국제성인역량조사, 사라진 능력들

흥미로운 연구가 있다. OECD는 2013년, 24개 회원국을 상대로 PIAAC국제성인역량조사을 실시하고 발표했다. 이 조사는 언어능력, 수리력, 컴퓨터기반 문제해결력 등을 측정하여 회원국의 국민 역량을 비교 분석하기 위해 실시된 것이다. 한국 측 조사담당기관인 한국직업능력개발원의 분석에 따르면, 우리나라 대졸자의 역량은 OECD 평균에 비해 낮은데 특히 우리나라 성인의 역량은 20대 초반에 정점에 이른 후 나이가 들수록 급격히 감소한다. 25세 미만의 경우는 세계 최상위권이지만, 35세부터는 선진국 평균보다 낮아지고, 55세 이상의 고령층을 대상으로 하면 개발도상국보다 낮은 수준으로 나온다. 수능이라는 격렬한 시험을 준비하는 대한민국 국민의 역량은 아주 높은 편이지만, 대학을 졸업할 때 그 역량은 어디론가 사라져버린다.

배움은 평생 동안 지속되어야 하고, 어린 시절의 공부는 이후의 공부를 이끌어갈 수 있어야 한다. 하지만 한국의 초·중·고등 교육은 '더 배우기 위한 공부'가 아닌 수능 점수를 위한 교육에 집중되어 있고, 이후의 성인 교육은 사실상 존재하지 않는다. 이것이 시험에 집중한 대한민국의 결과다.

국가의 학업성취도 및 역량을 조사하는 또 다른 유명한 연구인 PISA도 한국 교육의 문제를 여실히 보여준다. 한국 학생들의 학업 성취도 평균은 세계에서 가장 높은 편이다. 학업 성취에 모든 것을 거는 대한민국에서 당연한 일일 것이다. 하지만 구체적인 내용은 비관적이다.

우리나라 성인의 역량은 20대 초반에 정점에 이른 후 나이가 들수록 급격히 감소한나.
왜 이런 현상이 나타났을까?

통계를 자세히 살펴보면, 한국인의 평균이 높은 이유는 그저 평균적으로 지식 축적을 잘했기 때문이지, 뛰어난 학생들이 많기 때문이 아니다. 기초적인 지식 습득 능력은 중요하지만 지금의 시대는 '기초적인 지식 습득'이 끝난 이후, 그것을 얼마나 잘 활용하느냐가 더욱 중요해진 시대다. 수능을 위해 기초 지식 습득에만 집중한 학생들이, 이후에 자신의 역량을 계속 지켜가고 증진시켜나가고 있을까? 권재원 박사는 부정적인 전망을 내놓았다.

"성인이 된 후 스스로 책을 사서 공부하거나 노력하지 않으면, 별도로 교육을 받거나 자기계발하기가 힘듭니다. 수능이나 취업 등 인생 초반 시험에 맞춰진 삶은 그 이후에 무엇을 계발해야 할지 의미를 찾지 못합니다. 점점 학습능력이 퇴화되면서 60대가 되면 지금처럼 OECD 전체를 놓고 볼 때 낮은 위치를 차지하게 되는 거죠."

교육의 모든 요소들이 일발역전형 시험에 집중되어 있다. 시험을 벗어난 공부는 존재하지 않는다. 이러한 상황이 계속되면, 한국은 어디로 가게 되는 것일까? 또 우리 아이들과 우리의 미래는 어떻게 그려보아야 할까? 이에 대해 권재원 박사는 다음과 같이 이야기했다.

"입시 체제에 시달린 학생들은 공부란 굉장히 고역이라는 생각을 갖게 됩니다. 심지어 공부를 싫어하고 미워하기까지 합니다. 더 이

상 공부를 하지 않아도 되는 상황이 되는 순간부터는 아무런 공
부를 하지 않아요. 우리는 세계에서 가장 공부를 많이 하는 학생
들과 세계에서 가장 공부를 안 하는 어른들이 되었습니다. 세상은
바뀌었습니다. 예전의 패러다임을 바꿀 필요가 있는 거죠. 기업들
은 기존의 패러다임들을 버렸습니다. 이미 검증 과정을 거쳤거든
요. 공부를 열심히 잘했다고 해서 이 사회가 인재라고 보지는 않
습니다. 그렇다면 어떤 역량을 길러야 하는가에 대한 고민이 필요
합니다. 새로운 접근이 필요합니다. 어떻게, 무엇을 공부하느냐를
생각해야 합니다."

PISA의 창시자인 교육 전문가, 안드레아스 슐라이허 OECD 교육국
장은 한국의 교육에 대해서 다음과 같은 시사점을 던져주었다.

"핀란드와 비교하면, 성적 면으로는 한국이 핀란드보다 앞서 있
지만, 핀란드는 창의성과 배움으로 얻는 즐거움과 감정 측면에서
아주 뛰어났어요. 한국의 지표 중에 가장 안타까웠던 점은 학교
생활의 만족도였습니다. 조사 대상 국가 중에서 가장 낮은 수치
를 나타냈거든요. 만약 학생들이 계속 공부하기를 원한다면 빠르
게 변화하는 세상에 잘 적응할 수 있는 호기심 많은 학생들을 남
겨두어야 합니다. 흥미와 즐거움이 평생의 공부를 이끌어가죠. 한
국은 학문 중심의 좋은 학교를 만들었지만, 학교 이후의 지속적인
학습에 대한 것은 한국의 다음 세대에게 매우 중요한 일입니다."

한국처럼 빠른 혁신을 이룬 나라는 없다고 말한다. 경제 성장뿐만 아니라 교육 분야에서도 OECD 국가들 중 학업 성취도 1,2등을 다투는 등 눈에 보이는 성과는 두드러진다. 하지만 PISA와 PIAAC의 차이는 한국 교육의 질적인 성장이 이루어지지 않고 있음을 보여준다. 그 차이를 좁히기 위해서는 평생에 걸친 배움의 여지를 남겨놓아야 한다. 우리 아이들이 생애 초반에 다 타버린 공부 에너지를 평생 학습으로 전환하고 다른 세상에서 새롭게 살아갈 수 있도록 학습에 대한 자발적인 동기부여를 해줄 수 있는 교육의 전환이 필요하다.

Part 5

어떻게 생각의 힘을 키울 것인가

누가 1등인가

하나의 기준이 아니라
다양한 기준, 방식들이 필요하다

과연 누가 1등일까

공부 잘하는 아이가 실생활에서도 문제해결능력이 뛰어날까? 이 궁금증을 풀기 위한 흥미로운 프로젝트가 진행되었다.

제주도의 한적한 시골마을 폐교에 아홉 명의 아이들이 모였다. 제작진은 프로젝트를 위해 외모도 성격도 제각각 다른 다양한 능력을 가진 아이들을 섭외했다. 이 가운데에는 수능 만점자도 있고, 수능 꼴찌도 있다. 또 공부는 아니지만 자기 분야에서는 1등이라고 자부하는 아이들도 있다. 이런 사실을 감춘 채, 아이들에게는 똑같은 교복을 입혔다. 특별한 프로젝트이니만큼 아이들의 다양한 모습을 놓치지 않고 유심히 관찰하기 위해 곳곳에 카메라를 설치했다. 아이들의 모든 행동은 학교 밖에 마련된 시사실에 중계되고 이곳에서 전문가들이 아이들의 모습을 지켜보면서 역량을 평가하기로 했다.

프로젝트를 위해 모인 아이들에게 OECD에서 개발한 미래 역량 평가 모델인 '데세코The Definition and Selection of key Competencies : DESECO'가 제시한 세 가지 핵심 역량인 '도구활용능력, 상호작용능력, 자율적 활동능력'을 평가할 수 있는 세 가지 과제를 제시했다. 이 세 가지 역량은 '개인의 성공적인 삶과 국가의 경쟁력에 기초가 되는 역량이 무엇인가'를 파악하기 위해 제안된 것이다.

아홉 명의 학생들은 개별적으로, 때로는 팀을 이루어 과제를 수행하게 되었다. 세 명의 인재 평가 전문가가 심사위원으로 섭외되었는데 서울대학교 교육학과 유성상 교수, 고려대학교 국문학과 김기형 교수,

데세코 프로젝트를 위해 각기 다른 개성을 가진 아홉 명의 친구들이 모였다.

15년간 기업에서 인사 업무를 담당한 김기주 소장이 학생들이 과제를 풀어가나는 과정을 지켜보기로 했다. 평가를 맡은 전문가들에게 다양한 배경을 가진 아홉 명 학생들의 소속과 정보는 전혀 제공되지 않았다.

과연 인재 평가 전문가들은 학생들의 문제해결 과정을 보고 이들의 능력을 파악할 수 있을까? 누가 수능 만점자이며 누가 낮은 수능 점수를 받았는지를 알아낼 수 있을까? 모두의 관심이 집중된 프로젝트가 시작되었다.

첫 번째 미션, 도구활용능력

첫 번째 미션은 아이들에게 제주 방언과 기호로 표현된 지도를 주고, 지도에 표시된 포인트를 사진으로 찍어오게 하는 것이었다. 시간은 30분, 이 과정에서 스마트폰 기기를 1분간 사용하거나, 마을 주민에게 한 번 질문할 수 있는 찬스를 사용할 수 있다. 데세코의 '도구활용능력'은 단순히 기계 도구를 사용하는 방법뿐 아니라, 정보나 언어를 목적에 맞게 사용하는 능력을 포함하기 때문이다.

'도구 사용'은 단순히 손에 잡히는 물건을 활용하는 것을 뜻하지 않는다. 지식정보 사회에서 다양한 언어는 중요한 도구가 된다. 새롭게 주어진 스마트 기기들도 도구이며 스마트 기기를 통해서 얻게 되는 무형의 정보도 도구이다. 이러한 도구 사용은 '언어, 상징, 문자', '지식과

• 첫 번째 해결 과제, 도구활용능력

언어나 상징, 텍스트를 상호작용적으로 사용할 수 있는 능력
지식과 정보를 상호작용적으로 사용할 수 있는 능력
기술을 상호작용적으로 사용할 수 있는 능력

정보', '기술'을 사용하는 능력으로 구성된다. 학생들은 다양한 방식으로 문제를 해결해나갔다.

"찬스를 쓸래요. 지도에 나오는 방언이 제주 방언이라고 확신을 했고, 단어들 뜻을 알아야 지도를 볼 수가 있잖아요."

'코코몽'은 처음부터 문제를 명확히 파악하고 미션 초반에 재빠르게 스마트 기기 검색 찬스를 활용하여 제주도 방언과 지도를 분석했다. 질문 찬스는 전문가인 문화해설사에게 쓰면서 원하는 답을 찾았다. '연어뱃살'은 교회를 찾는 과정에서 유난히 힘들어하다가 스마트 기기 검색 찬스와 질문 찬스를 모두 써버렸다. 다른 친구들과 협업을 통해 좋은 점수를 받은 친구도 있었다. '우디'는 '최강인'을 만나 윈윈전략을 제안했다.

"너 찬스 썼어? 우리 둘이 찬스를 써서 정보를 하나씩 받자. 최대한 서로 협력하는 게 낫지 않을까?"

반면 '창구망구'는 빠른 속도로 과제를 수행했다. 차분하게 단계적으로 주변 상황을 파악하여 포인트를 찾았다. 수행 과정 내내 흔들리지 않고 자신이 생각한 주요 포인트를 밀고 나가는 모습이었다. '창구망구'는 7개의 포인트를 찾아 가장 많은 성과를 올렸다. 첫 번째 미션에서 '코코몽', '우디', '창구망구' 이 세 친구가 공동 1등을 차지했다.

두 번째 미션, 상호작용능력

두 번째 과제는 이질적 집단 속에서의 상호작용능력을 평가하는 것이다. 현대의 한국인들은 모르는 사람들과 자주 팀을 이루게 되며, 세계 시장을 목표로 업무를 한다. '타인과 원만한 관계 맺기', '업무 협력', '갈등 관리와 해결능력'을 통해 이러한 이질적 집단과 상호작용하기 위한 능력을 만들어가야 한다.

한라산 중산간에 자리 잡은 신풍리는 제주에서도 오지에 속한다. 외부와 교류가 적어 제주 방언과 토속 문화가 유지되고 있다. 학생들을 세 명씩 세 조로 나눈 뒤, 신풍리의 어르신들에게 음식 만들기 과제를 받아 해결하는 미션을 주었다.

"재료가 모물코 사고, 무소 하나 사오고 계란하고…" 할머니에게 과제는 받았지만 할머니의 말이 도통 해석이 되지 않는다. 과제를 해석하지 못한 1조 아이들이 경로당을 찾아갔다. "무소가 뭐예요? 무수라는 게 있어요?", "무!" 반나절이 걸려 겨우 무소가 무인 것을 알았다. 1조의 임무는 제주 토속 음식인 빙떡 만들기. 하지만 아이들은 아직도 임무가 무엇인지 파악하지 못했다. 2조 '미니언'은 할머니와 대화를 시도했다. '미니언'이 주도적으로 일을 이끌어가면서 할머니와 소통을 만들어나가는 모습이 눈에 띄었다.

제주 방언과 재료 이름을 제대로 파악하지 못해서 처음부터 끝까지 헤맨 조가 있는가 하면, 조원들과 원활하게 상호작용을 하며 어르신이 주신 일처리를 정확하게 해낸 조도 있었다. 데세코 핵심역량 두 번

• 두 번째 해결 과제, 이질적인 집단 내에서의 상호작용능력
다른 사람들과 좋은 관계를 맺는 능력
협동할 수 있는 능력
갈등을 관리하고 해결하는 능력

째 해결 과제인 이질집단 상호작용능력 평가에서는 '센세이션', '미니언', '대표'가 1등에 뽑혔다. 함께 참여한 팀원들과 효과적으로 상호작용을 하고, 이질적인 집단일 수 있는 '강한 제주 방언을 사용하는 제주도 노인'들과 일을 해결해나가는 것이 평가의 주요 포인트가 되었다.

세 번째 미션, 자율적 행동능력

마지막 과제는 자율적 행동을 평가하는 과제였다. 자율적 행동이란 스스로 자신의 삶을 얼마나 잘 관리하고 책임질 수 있는지, 미래의 일을 효과적으로 계획하고 그에 따라 행동할 수 있는 역량을 의미한다.

이번에는 학생들에게 리더를 직접 선출하여 주민들에게 도움이 될 만한 일을 기획하게 했다. 우선 학생들은 리더를 뽑은 뒤 두 개의 조로 나누었다. 리더로 뽑힌 '센세이션'은 사진을 찍어 달력을 만들고 마을청소를 하자고 제안했다. 하지만 '센세이션'은 리더의 역할보다 사진을 찍는 일에 몰두하는 모습이었다. '최강인'은 적극적인 섭외로 자율성 과제에서 활약하는 모습을 보였다. 구체적인 계획을 미리미리 수립하고 계획에 따라 행동을 옮기는 학생도 있었고, 되는 대로 눈앞의 일들에 집중하다가 전체 작업의 과정을 놓친 학생도 있었다. 작업을 수행하던 중 '창구망구 조'에서는 문제가 발생했다. 사진 파일이 깨진 것이다.

• 세 번째 해결 과제, 자율적 행동능력

큰 그림 안에서 행동할 수 있는 능력
생애 계획과 개인적 프로젝트를 만들고 수행할 수 있는 능력
권리와 홍미, 한계와 필요를 주장할 수 있는 능력

"너는 여기서 해야 할 나머지 작업을 처리하고, 나는 본부에 가서 다시 만들게. 다른 애들에게는 여기로 차를 가지고 오라고 하자."

돌발적으로 발생한 문제에 대처하기 위해 할 일을 나누고 각자 해야 하는 일에 집중하여 문제를 해결하는 '창구망구' 덕에 시간에 맞춰 달력이 완성되었다. 이 모습을 지켜본 전문가들은 우리나라 교육 상황에서 가장 길러내기 어려운 역량이 자율적 행동하기라고 이야기했다. 또한 학생들이 자신의 역량을 파악하고 거기에 맞추어 자율적으로 행동하는 모습에 높은 점수를 주었다.

실험 결과가 말해주는 우리의 오류

"이번 데세코 프로젝트를 보면서 과연 이 학생들을 판단하고 훌륭하다고 평가할 수 있는 기준이 무엇일까, 더욱 대답하기 어려워졌다고 생각합니다."

"하나의 기준만이 아니라 다양한 기준, 다양한 방식들을 통해서 선발할 수 있는 기준이 필요하다고 느꼈습니다."

"학생들을 어떻게 평가하고 저마다 가진 능력을 키워주는 것이 중요하지, 성적에 얽매일 필요가 없겠다는 믿음을 갖게 되었습니다."

프로젝트 과정을 지켜본 인재 평가 전문가들은 자신의 견해를 이렇게 밝혔다. 처음에 생각한 예상이 모두 빗나갔기 때문이다. 아홉 명 중 두 명이 수능 만점자였음에도 전문가들은 한 명의 만점자도 맞히지 못했다. 전문가들은 세 가지 과제를 풀어나가는 학생들의 작업 과정을 지켜보며 저마다의 결론을 내렸다. 문제를 분명하게 파악하고 구체적인 계획을 세우고, 주변의 사람들과 원활하게 상호작용을 해나가며 계획에 따라 할 일을 착실하게 진행한 친구들을 수능 만점자라고 생각했지만 실제로는 그렇지 않았다.

'현실적인 부분들을 잘 고려하며, 할 일을 잘 찾아서 처리한다'는 평가를 받은 학생은 수능의 모든 부분에서 9등급을 받은 학생이었다. '원활한 소통능력을 바탕으로 조화를 통해 맡은 일을 잘 진행해 나간 학생'은 청소년 영화제를 비롯한 다양한 대회에서 20여 개의 상을 수상한 학생이었다. '매사에 적극적이며, 좋은 리더십을 보여주었기에, 기업에서 채용할 때 가장 중시하는 판단 기준에 따르면 가장 적합한 학생'이라는 평가를 받은 학생은 한국예술종합학교에서 공부하는 예술가형 학생이었다.

이 시험에는 두 명의 수능 만점자가 있었다. 한 학생은 문제해결 과정에서 주변 사람들과 잘 협동했지만, 특별히 두드러지는 모습을 보여주지는 않았다. 다른 만점자 학생은 아주 적극적인 모습으로 일을 진행하려고 노력했지만, 해결 과정에서 등장한 돌발적인 문제들을 융통성 있고 원활하게 해결하는 데는 서투른 모습이었다.

책상머리 공부가 전부가 아니다

EBS의 데세코 프로젝트 미션에서 돋보였던 이들을 살펴보면 각자의 목표가 뚜렷하고 공부 이외의 다양한 경험이 풍부했음을 알 수 있다. 결국 인생을 잘 살아갈 수 있는 핵심능력은 책상머리 공부가 전부가 아님을 보여주었다.

진정한 공부는 이론으로만 접하고 암기하고 시험 후 잊어버리는 공부가 아니다. 초·중·고의 공부자산이 이론으로만 끝내서는 안 되며 삶과 연결되어 문제해결능력으로 표출될 때 우리가 원하는 인재가 되는 것이다.

다양한 능력은 문제해결능력과 연관된다. 문제해결능력을 키우는 것은 교육의 중요한 실용적인 목적 중 하나다. 이 프로젝트에서 볼 수 있듯이 삶을 살아가는 데는 문제를 파악하는 능력, 협동능력, 계획성, 추진력, 돌발 상황에 대한 대처능력 모두 중요하다. 어떤 학생은 '협동'이라는 관점에서 가장 좋은 평가를 받았고, 어떤 학생은 '계획성'이라는 관점에서 가장 좋은 평가를 받았다. 학생들은 앞으로의 삶에서 저마다 가진 자신만의 능력을 통해 다양한 문제들을 해결해 나갈 수 있을 것이다.

데세코 프로젝트의 궁극적인 의도는 학생들의 다양한 능력이 존중받고 온당하게 평가받으며, 능력을 갖춘 학생들이 자신의 꿈을 펼쳐나갈 수 있는 환경을 만드는 것이다.

데세코 프로젝트에서 데세코 핵심역량이라는 동일한 평가 기준을 적용했는데도 평가 전문가들은 각기 다른 기준으로 1등을 뽑았다. 누가, 어떤 잣대로 평가하느냐에 따라 1등은 얼마든지 달라진다는 것을 확인한 것이다. 아무리 부족해 보이는 아이라도 보는 각도에 따라 1등을 할 수 있는 분야가 존재한다.

점점 더 다양한 문제해결능력과 협동능력을 요구하는 미래 사회에서, 다양한 관점의 평가는 사회적 차원에서도 중요한 일이다. 우리는 더 많은 평가 기준과 더 많은 1등을 알아볼 수 있는 교육 시스템을 고민해야 한다. 그래서 우리는 더욱 이 말을 주목해야 한다.

"하나의 평가 잣대 대신, 아이들의 역량을 키우기 위해 다양한 평가 잣대를 마련할 때이다."

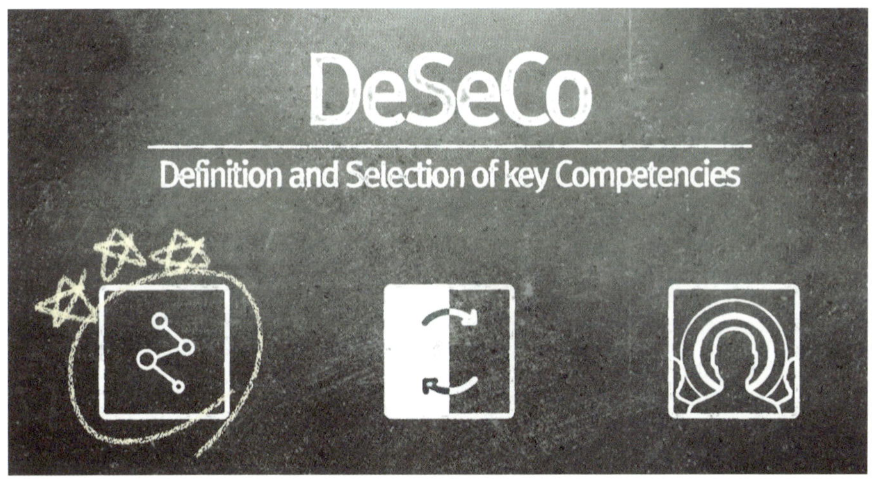
DeSeCo
Definition and Selection of key Competencies

우리가 알아야 할 인재의 조건

성적이나 기술을 넘어서서
실생활에 연관된 문제를 해결하는 복합적인 역량

선진국들은 이미 교과 교육에서 벗어나
핵심 역량 교육을 중시하고 있고,
한국도 2015년 개정 교육 과정에서
처음으로 핵심 역량 기반 교육을 도입했다

생애 전반에 걸쳐 요구되는 개인의 내재적 특성

미래 핵심 역량 파헤치기

일본에서는 교육에 대한 새로운 움직임이 나타나고 있다. 일본은 2015년 국가 차원에서 'IB 교육 과정'을 200개의 고등학교에 도입하는 교육개혁안을 발표했다. IB는 인터내셔널 바칼로레아International Baccalaureate의 약자로 스위스 국제학교협회와 유네스코의 협력 하에 설립된 독립적 비영리국제기구가 주관하는 국제 자격 제도로 초·중·고 교육 과정. 영어는 물론 프랑스어, 스페인어 등으로 교육되고 있어 국제 교육 과정의 표준으로 인식되고 있다. 일본은 IB 도입을 통해 학생들에게 '생각하는 힘'을 키워 자신의 지식을 성찰하고 고민하는 사고력, 자신의 언어로 새로운 것을 창조하는 창의력, 국제 경쟁력을 갖춰서 원활하게 소통하는 글로벌 역량을 길러주고자 하는 목표를 정했다. 그렇다면 우리는 미래 인재를 길러내기 위해 어떤 고민을 하고 있을까?

"21세기 핵심 역량은 현재 교육 과정에서 말하는 국어, 수학, 사회, 과학 이런 지식 영역이 아니라 그것을 넘어선 융·복합적 지식을 요구합니다. 문제해결을 위한 핵심 역량이 필요한 것이죠. 얼마나 의사소통을 잘하는지, 얼마나 글로벌 마인드를 가지고 있는지, 또 얼마나 다른 사람들과 협력적으로 일하는지를 봅니다."

한국교육과정 평가원은 위와 같은 미래 핵심 역량을 제시했다. 급

변하는 시대를 맞이하여, 한국뿐 아니라 전 세계가 자국민들의 역량을 발전시키기 위하여 노력하고 있다. 역량을 발전시키기 위해서는 먼저 무엇이 필요한 역량인지를 파악하는 일이 중요하다.

문제해결을 위해서는 어떤 능력들이 필요할까? 우선 어떤 문제를 해결할 때의 작업 구조도를 생각해보기로 하자. 문제를 해결하기 위해서는 일단 문제가 무엇인지 명확하게 파악해야 한다. 그리고 이에 대한 적절한 계획을 세워야 하며, 이러한 계획을 실천해야 한다. 실천 과정에서 전혀 예상치 못한 난관을 마주칠 수도 있을 것이며, 때로는 협업을 하기도 하고 때로는 타인과 갈등을 조절하기도 해야 한다. 이러한 일련의 과정에서 필요한 능력은 무엇일까?

먼저, 기초적인 지식을 떠올려볼 수 있다. 상식과 해당 분야에 대한 지식, 그리고 지식을 잘 습득해 나갈 수 있는 사고력은 문제가 무엇인지 파악하는 과정에서부터 해결 과정을 고민하는 과정, 그렇게 나온 해결 방안을 실천하는 과정에 이르기까지, 전 과정이 중요하다.

단순한 지식과 사고력뿐 아니라 비판적 사고력과 창의적 사고력도 중요하다. 특히 문제가 기존에 존재하지 않던 새로운 문제이거나 문제해결 과정에서 예상치 못한 난관에 부딪히게 될 때 이러한 비판적이고 창의적인 사고력은 중요하다. 사회가 정지되어 있는 상태라면 덜 중요한 문제가 될지도 모르겠지만, 급변하는 현대 사회에서 이 능력은 매우 중요하며, 앞으로는 더욱 중요해질 것이다.

의사소통능력 또한 중요하다. 한 사람이 모든 분야의 1인자가 될 수 없다. 사회는 점점 더 복잡해지고 다양하게 분화되어가고 있다. 팀워

크는 언제나 중요한 일이 된다. 리더로서 리더십을 가지고 조직을 이끌어가야 하며, 팔로우십을 가지고 조직의 작업에 협업할 수 있어야 한다. 조직 내 의사결정 과정뿐 아니라, 다른 조직과의 충돌에서 갈등을 조정하는 의사소통능력도 중요하다.

또한 감정적인 차원에서의 의사소통능력뿐 아니라, 언어와 문화의 이해를 기반으로 한 기술적인 차원에서의 의사소통기술 또한 점점 중요해지고 있다. 외국인을 접할 기회가 많아지고, 그들과 함께 배우고 일하거나 그들을 상대로 일을 해야 하는 일들이 점점 많이 생기고 있기 때문이다.

계속 새로운 것을 받아들이는 능력 또한 문제해결능력에서 중요하다. 빠르게 변하는 시대 흐름 속에 문제를 둘러싼 정보들은 홍수를 이룬다. 필요한 지식과 정보를 지속적으로 흡수할 수 있으며, 이러한 지식과 정보를 효과적으로 처리하고 가공하는 능력은 현대의 문제를 해결하는 데 있어 필수적인 능력이다.

스스로를 관리하고 지속하는 문제는 단지 지식과 정보뿐 아니라, 삶의 태도에 있어서도 중요한 문제가 된다. 사소하게는 자신의 육체적·정신적 건강을 유지하는 것에서부터, 직접적으로는 눈앞의 문제를 장기적으로 사고하고, 전체적인 계획을 가지고 해결하고 실천해 나가는 능력 또한 중요하다.

우리에게 필요한 역량은

"한 사회가 다른 사회보다 더욱 성공적일 수 있게 하는 것은 바로 창의적일 수 있는 능력, 혁신할 수 있는 능력, 서로 다른 분야의 지식을 결합할 수 있는 능력이라고 생각합니다."

하버드대의 교육 개혁으로 화제를 일으킨 에릭 마주르 하버드대 물리학과 교수는 사회가 무엇을 바라보고 평가하느냐에 따라 인재의 역량도 달라진다고 설명했다. 한국 교육은 미래 역량을 어떻게 그리고 있을까?

한국 교육개발원은 2007년, 고등 교육단계의 핵심능력과 구성요인을 발표하였다. 그 능력이란 전공분야에 대한 이론적 기초가 되는 전공분야 지식, 비판적 사고력을 포함한 의사소통능력, 타인의 의견 경청능력 등의 사고력, 자발적으로 목표를 설정하고 학습을 이끌어나가는 자기주도적 학습능력, 조직의 비전을 제시하고 추진력으로 구성원을 리드하는 리더십, 문제의 원인을 진단하고 분석할 수 있는 문제해결력, 의견을 교환하고 합의점을 도출하는 협동능력이다.

한국교육과정평가원은 여기에 정보처리 및 기술활용능력, 시민의식, 국제이해능력, 문화감수성, 직무 태도를 추가한다. '정보처리 및 기술활용능력'은 얼마나 정보를 잘 수집하고 분석하여 조직하고 활용할 수 있는지에 대한 능력과, 급변하는 시대에 새롭게 대두되고 있는 새로운 기술과 전자 자원을 얼마나 잘 활용하는지에 대한 능력을 보는 것이다. '국제이해능력'은 단순한 외국어 활용능력뿐 아니라, 세계화 시대에 맞는 마인드를 갖추며 동시에 이러한 세계화 속에서 한국의 국민으로서의 정체성을 갖는 것을 포함한다. '문화감수성' 또한 단순한 문화에 대한 이해, 감상, 향유 능력을 벗어나, 세계화 시대에 문화적 다원성을 이해하고 다른 문화에 얼마나 잘 적응하는지 하는 능력을 포함한다.

두 기관이 제시한 핵심 역량의 구성 요인을 살펴보면, 한국은 개인의 핵심 역량에 대해 충분한 주의를 기울이고 있는 것으로 보인다. 구체적인 역량의 영역을 설정하고, 그러한 역량을 이루는 세부적인 내용들에 대해서도 고민하고 있는 상황이다. 이에 대해 권재원 박사는 한국 교육의 가능성을 과소 평가하지 말고 좌절하기보다는 미래의 교육을 계획해야 할 때라고 말했다.

"PISA가 보여주는 희망은 우리나라 교육의 기초체력이 굉장히 튼튼하다는 거예요. 기초체력은 정말 튼튼한데 거기서 높은 경기력을 결정짓는 상위 기술이 부족하다는 이야기잖아요. 그렇다면 우수한 인재들을 믿고 이런 노력들을 함께 기울여보는 것이죠. 아이들이 좀더 여유를 갖고 행복한 학습을 이끌어가게 도와주는 겁니다. 문제를 인식하고 테크닉을 기르는 시도들을 하나둘 전개하면 인식이 확산되고 보편화되면서 우리 아이들의 미래도 달라질 수 있습니다."

새로운 질문,
새로운 해결책

개인과 사회에게 필요한 역량은
시대에 따라 변화한다

고대의 농업 국가의 백성들에게 가장 필요한 역량은
농사와 관련된 능력

지식뿐 아니라 노동력의 수도 지금보다 더 중요했고
실제로 농사를 짓는 데 필요한 육체적인 역량이 필요했다
하지만 사회가 변해가며 집중해야 할 일들이 많아졌다

4차 산업 시대
우리는 또 다른 핵심 지식을 준비해야 한다

현대 사회는 변화하고 있다

2016년 1월 스위스 다보스에서 열린 세계경제포럼은 2020년에는 현재 있는 일자리의 700만 개가 사라지고, 200만 개의 일자리가 새롭게 생긴다고 전망했다. 또한 AI와 사물인터넷, 자율주행차, 빅데이터 등의 영향으로 향후 5년 내 500만 개의 일자리가 천천히 사라진다고 발표했다. 4차 산업혁명을 예고한 것이다. 지금 초등학교에 다니는 아이들이 대학을 졸업하고 세상에 나갈 때쯤이면 현존하는 직업의 65퍼센트는 사라진다. 사회는 끊임없이 변화해왔다. 그리고 그 변화의 속도는 점점 빨라지고 있다.

1960년대, 반도체 시대가 시작되며 인텔의 공동설립자인 고든 무어는 마이크로칩에 저장할 수 있는 트랜지스터 개수가 18개월마다 2배씩 증가하며 PC가 이를 주도한다는 이론을 제시하였다. 이를 '무어의 법칙'이라고 한다. 실제로 인텔의 반도체는 이러한 법칙에 따라 용량이 향상되었다. 2002년, 삼성전자의 황창규 사장은 '황의 법칙'을 발표했다. 반도체의 집적도가 2배로 증가하는 시간이 1년으로 단축되었으며 무어의 법칙을 뛰어넘고 있다는 것이다. 황창규 사장은 PC산업이 아닌 모바일 기기 등의 비PC산업이 이러한 발전을 주도하게 될 것이라고 이야기했다. 이처럼 기술 발전의 가속도에 다시금 가속도가 붙고 있는 시대다.

기술뿐 아니라 삶을 둘러싼 사회적 환경도 어느 때보다 빠르게 변하고 있다. 과거에는 더 많은 정보를 가진 것은 곧, 더 나은 능력을 말하는 것이었다. 하지만 그런 세상은 이제 사라졌다. 우리는 더 이상 지식 경제 시대에 살고 있지 않다. 모르는 것이 있으면 곧바로 구글을 검색하면 된다. 세상이 관심을 가지는 것은 내가 얼마나 '많이' 아는지가 아니라 바로 내가 아는 것으로 '뭘 할 수 있는가'이다. 이것은 근본적으로 다른 교육의 준비를 필요로 한다.

기술이 모든 것을 장식하는 시대에는 사람이 주도권을 갖는 역량을 찾아야 한다. 위험을 감수하고 실패를 통해 보다 나은 세계를 만들어가는 것이 필요한 것이다. 수용적 지식으로는 더 먼 세계로 뻗어나가지 못한다. 자신이 하는 일에 흠뻑 빠져들어 혁신을 만들어간 인재들은 학교에서 열심히 공부한 이유가 A학점을 받기 위해서가 아니라 그 일이 재밌었기 때문이다. 인재 핵심 역량에 대해 연구하는 하버드대 토니 와그너 교수도 비슷한 의견을 내놓았다.

"저는 세계의 수많은 리더들과 인터뷰했어요. 그들이 말하는 인재의 가장 중요한 기술은 무엇이었을까요? '얼마나 아는가'의 지식과는 아무 상관이 없었어요. 바로 핵심을 파악하고 올바른 질문을 던지는 능력이었습니다. 그것들은 실패와 도전을 통해 터득한 자신만의 통찰입니다. 모두가 이미 있는 지식을 응용하여 새로운 것을 창출하는 능력을 원했어요."

미래 전문가들은 창의적으로 문제를 해결할 수 있고, 신선한 시각으로 문제를 바라보는 것, 또 새롭고 더 나은 질문들을 던지며, 새로운 지식을 창조할 수 있다면 그 사람은 가장 먼저 최고의 직업을 구할 것이라 말한다.

오늘날 가장 성공하는 학생은 누구일까? 무엇보다 비판적 사고와 효율적인 소통능력, 창의적으로 문제를 해결할 수 있는 사람일 것이다. '집요함이 있는가?', '성공과 실패에서 배운 것들을 다음의 학습 기회에 적절히 이용할 수 있는가?', '수동적이지 않고 주도권을 갖고 생각할 수 있는가?', '차이를 만들고, 더 나은 것을 창조하기를 갈망하는가?' 등의 가치를 내면화시키는 노력이 필요하다.

새로운 질문, 새로운 해결책

인간의 경쟁 우위는 바로 새로운 질문을 던지고, 새로운 해결책을 창조하여 새로운 가능성을 가져오는 능력이다.

마이크로소프트사는 인턴 기간 내내 연속적으로 면접을 본다. 그리고 마지막에는 장래의 지원자들에게 '시험'을 보게 한다. '여기 문제가 있습니다. 알람 설정을 위해 컴퓨터와 시계를 연결하는 방식을 보여주세요' 라는 문제를 제시한다. 여기엔 정답과 오답이 없다. 정답을 찾아볼 수 있는 교재도 없다. 학생들은 치열하게 가능한 계획들을 다이어그램으로 그린다. 그러면 면접관들은 도중에 끼어들어 시험을 중단시키고는 다른 방법을 보여달라고 한다.

이 면접관들은 무엇을 시험하고 있었을까? 면접관들은 학생들의 민

인간의 경쟁 우위는 바로 새로운 질문을 던지고, 새로운 해결책을 창조하여
삶에 새로운 가능성을 가져오는 능력이다.

첨함과 적용가능, 빠르게 사고하고, 문제를 해결하는 능력을 시험한다. 다른 유형의 테스트가 등장한 것이다.

마이크로소프트사와 같은 기업들만이 혁신을 시도하는 것은 아니다. 그런 사례는 미국 군대에서도 찾아볼 수 있었다. 군대의 혁신은 생존의 문제로 직결된다. 아프가니스탄 전에 투입되기로 한 미해군은 비판적 사고와 문제해결 방식을 배워 발빠르게 실전에 적용할 수 있는 교육 체계를 도입해 군대 시스템을 변화시켰다. 한정된 시간과 자원 내에서 이루어진 빠르고 명확한 판단과 문제해결능력은 곧바로 효과를 나타냈다. 새로운 교육 체계를 도입한 곳과 아닌 곳에서 전투력의 차이를 보인 것이다. 좋은 질문, 좋은 해결책으로 나아갈 방향을 배우지 못한다면 전쟁터에서 최선의 결정을 내리는 법도 배우지 못한다.

"혁신은 시행착오를 요구합니다. 우린 유아기 때 말과 걷기를 어떻게 배웁니까? 시행착오를 통해 배우죠. 배움과 같은 혁신은 시행착오를 요구해요. 바로 어떻게 '반복하느냐' 하는 겁니다. 좋은 반복이란 이다음에 이루어질 나의 노력에 그 지식을 응용한다는 뜻입니다."

-토니 와그너

에릭 마주르 하버드대 교수 역시 실패를 통해 혁신을 이루는 것이 성장의 중요한 포인트가 된다고 말한다.

"한국은 잿더미에서 솟아올라 풍요롭고 부유한 나라, 산업국가가 되었죠. 정말 깜짝 놀랄 만한 일이죠. 하지만 이제 한국은 창의적이고 혁신적인 국가로 더 나아가야 한다고 생각합니다. 창의성을 키우기 위해서는 바로 학생들이 실패를 불편하게 여기지 않게 만들어야 합니다. 트랜지스터, 페니실린, 창조적인 예술 작품 등의 위대한 발견은 발명가나 예술가가 가만히 앉아서 단 한 번의 시도로 이루어낸 것이 아닙니다. 그들은 수많은 실패를 했어요. 창의성의 길에는 실패가 있어야 합니다. 실패를 비참하게 느끼며 숨기는 것이 아닌, 학습의 기회로 삼는 것이 매우 중요합니다. 안타깝게도 우리의 평가는 실수를 벌합니다. 실패자들을 벌하죠. 이런 것이 반복되면 학생들은 위험을 감수하는 어떤 열망을 하지 않습니다. 위험을 감수하는 도전을 하지 않으면 결코 창의적, 혁신적이 될 수 없습니다."

새로운 해결책은 지금껏 가지 않은 길에 대한 허용에서 나온다. 성공과 실패에 대한 엄중한 처벌은 학습자를 위축시킨다. 에릭 마주르 교수는 이를 잃어버린 열쇠에 비유하면서 우리가 용기를 가지고 도전해야 할 일에 대해 이야기했다.

"이것은 어제 잃어버린 열쇠를 찾으려고 조명이 비치는 곳만 살펴보는 것과 마찬가지예요. 거기에 내 열쇠가 없을지도 모른다는 것을 알면서도 단순히 빛이 있는 자리가 어두운 곳보다 찾기 쉬우니까 가서 들여다보는 겁니다. 우리는 빛이 들지 않는 곳에서도 열쇠를 찾을 방법을 배워야 합니다."

창의성은 옳고 그름으로 판별할 수 없다. 새로운 길에 대한 호기심과 도전은 인류가 생각하지 못하는 새로운 해결책을 제시할 수 있다. 우리는 언제나 더 나은 답을 찾으려 하지만, 그러기 위해서는 쉽고 익숙한 길에서 벗어나야 한다. 그것으로부터 변화는 시작된다.

변화의 흐름은 우리의 상상 이상으로 빠르다.

인재상 역시 빠르게 변하고 있다. 교육 인식에 대한 개혁이 필요하다.

우리가 공부하는 이유

미래에 살아갈 아이들이 우리보다 행복할 수 있도록
아이들만의 강점을 계발해주고
아이들이 하고 싶은 일을 하며 살아갈 수 있는
환경을 마련해주는 것

이것이 지금의 어른이 할 일
이것이 미래를 위한 우리 모두의 책임이자 의무이다

알파고 쇼크, 모든 것이 사라진다

2016년 상반기에 일어났던 사건 중 가장 충격적인 사건은 인공지능 '알파고'가 프로 바둑 기사 이세돌에게 승리한 일일 것이다.

알파고는 지금까지 진행된 바둑 고수의 경기 16만 개로부터, 3천만 수를 가져와 기초적인 바둑의 룰을 학습했다. 이렇게 바둑의 룰을 학습한 가상의 대국자들을 만들어, 그 결과로부터 새로운 수를 재학습했다. 알파고는 기초적인 바둑 규칙 학습 이후, '스스로의 학습'을 통해 바둑의 실력을 쌓았고 인간에게 승리한 것이다. 알파고를 개발한 데이비드 실버는 "알파고가 바둑을 학습한 시간을 인간의 시간으로 환산하면 약 1000년의 세월"이라고 설명했다.

이 결과는 정치, 경제, 사회, 문화, 교육 등 모든 분야에 엄청난 충격을 안겼다. 인공지능이 '단순한 게임'이 아닌 '복잡하고 심층적인 사고력이 필요한 게임'에서 사람을 상대로 승리했다는 것이 첫 번째 충격이었고, 사람이 직접 사고의 기술을 입력한 것이 아니라, 입력된 자료들을 통해 '스스로 학습하고 진보한' 인공지능이었다는 것이 두 번째 충격이었다. 인공지능을 구성하는 물리적 회로의 기술도 앞으로 더 발전할 것이고, 이러한 물리적 진보를 기반으로 한 '스스로 학습하는 인공지능'의 성능도 앞으로 더 발전할 것이다. 18세기의 산업혁명을 거치며 기계는 인간의 '단순 노동력'을 대체해왔다. 그 과정에서 많은 사회 변동이 있었으며, '단순 노동' 영역은 축소되었다. 앞으로는 인공지능이 인간의 '사고력'을 대체할 것이다. 모든 분야가 대체될 것은 아니겠지만, 사회는 엄청나게 변할 것이다.

"현재 학교에서 가르치는 내용의 80~90퍼센트는 아이들이 40대가 됐을 때 전혀 쓸모없을 확률이 크다. 어쩌면 수업 시간이 아니라 휴식 시간에 배우는 것들이 아이들이 나이 들었을 때 더 쓸모 있을 것이다. 아이들에게 늘 변화하며 사는 법을 가르쳐라."

베스트셀러 『사피엔스』의 저자 유발 하라리는 한국을 방문하여 미래의 변화에 대해 이런 말을 했다. 그는 덧붙여 인간만이 할 수 있는 능력에 대해 '의사소통과 협력'을 이야기하며, 이것을 가능하게 만드는 근본적인 이유로 인간만이 가진 '상상력'을 말했다. 그렇다면 인간의 상상력은 어디에서 시작된 것일까?

인간의 상상력은 '새로운 생각이나 개념을 찾아내거나, 기존에 있던 생각이나 개념을 새롭게 조합해내는 것'이다. 이제는 미래에 대한 시각을 가지고 경쟁력 있는 나만의 콘텐츠가 필요하다. '내가 무엇을 할 수 있는가', '누구와 일해왔고 어떤 도전을 할 수 있는가' 이런 질문에 답을 할 수 있는 것이 나만의 상상력을 발휘할 수 있는 영역이다.

알파고의 승리 이후로, 이와 관련된 다양한 담론들이 생성되었는데 한 언론에는 '알파고 시대의 교육 10계명'이라는 기사가 소개되었다.

- 구글이 답할 수 없는 질문 능력을 키워라

- 'Why not?'(안 될 게 뭐야?) 'What if?'(만약에…)를
  아이 마음속에 심어라

- 잘 놀고 감성 풍부한 '알파 백수'로 키워라. 기계는 놀 줄 모른다

- 인공지능은 아름다움을 알지 못한다. 미적 감성을 키워라

- 영어 필요 없다고? '데이터의 바다'를 헤엄치려면 언어능력은 필수!

- 커뮤니케이션 능력을 키워라. 사람을 상대하는 데는 인간이 한 수 위

- 급변하는 컴퓨터 환경에 적응할 수 있는 기초체력을 키워라
  코딩도 한 방법이다

- 여러 사람의 아이디어를 이해하고, 전달하고, 융합하는 능력이
  곧 리더십

- 다양한 독서 경험은 창의력의 밑거름이다

- 우리 아이들이 살아갈 미래 세상이 어떤 곳인지 끊임없이 상상하라

이것은 인공지능 시대 교육을 위한 정답은 아닐지라도 우리에게 많은 시사점을 준다. 그리고 이러한 미래 시대를 통찰할 수 있는 안목과 미래 시대에 필요한 기술을 배우는 것 또한 중요하다.

창의성, 나만의 생각을 존중받는 경험에서 나온다

예일대에서 창의성의 변화를 알아보는 실험을 진행했다. 예일대의 교수진들이 아시아계 학생들의 수동적이고 순응적인 학습 태도에 의문을 갖고 창의성의 변화 양상을 관찰하기로 한 것이다. 수업 시간 중에 교수는 학생들에게 "수업 시간에 창의적으로 임하라", "창의적인 면을 평가하겠다"면서 '창의성'이란 키워드에 초점을 맞춘 멘트를 반복적으로 시도했다. 놀랍게도 수동적이었던 학생들은 점차 잠재적으로 가지고 있던 창의성을 발현하여 새로운 시도를 하는 모습을 보였다. 이는 수업 과정 중에서 교사와 교수의 역할이 얼마나 중요한지를 보여준다. 기존의 관습을 벗어나 새로운 관점의 교육을 시도하려는 노력이 필요한 것이다.

핵심은 인공지능이 아직 인간을 따라오지 못하는 '창의성'이다. 19세기 기계의 전면적인 도입이 인간의 '힘으로 하는 노동'을 대체한 순간부터 인간능력의 핵심이 기계가 아직 인간을 따라오지 못한 '사고력'이 된 것처럼 말이다. '구글이 답할 수 없는 질문 능력을 키워라', '감성을 풍부하게 키워라'라는 계명은 이러한 창의성과 직결된다. 그렇다면, 창의성을 키우기 위해서는 어떻게 해야 하는가.

다양한 독서 경험은 창의력의 밑거름이라고 한다. 고전적인 이야기지만 여전히 틀리지 않은 이야기다. 창의성은 아무것도 없는 상태에서 저절로 발생하는 것이 아니다. 창의성도 일종의 능력이다. 많은 자료를 읽고, 많이 상상해본 사람들이 그렇지 않은 사람보다 여러 가지를 창조적으로 상상할 수 있는 것은 명백한 일이다.

창의성의 사전적인 개념은 '새로운 관계를 지각하거나, 비범한 아이디어를 산출하거나 또는 전통적 사고유형에서 벗어나 새로운 유형으로 사고하는 능력'이다. '새롭고, 독창적이고, 유용한 것을 만들어내는 능력' 또는 '전통적인 사고방식을 벗어나서 새로운 관계를 창출하거나, 비일상적인 아이디어를 산출하는 능력' 등 창의성의 개념은 매우 다양하다.

이러한 창의성을 키우기 위해서는, 학생들이 자기주도적으로 공부를 하고 문제해결을 하는 경험을 해보아야 한다. 그러기 위해서는 독창적인 아이디어를 편하게 이야기할 수 있는 교육 분위기를 조성하는 것이 필수적이다. 아이들이 스스로 알아서 편하게 창의적인 내용을 말할 수 있는 학습 분위기를 만든 후에는, 그러한 내용을 체계적으로 비판해볼 수 있는 장을 만들어야 한다. 비판적·체계적인 사고능력 없이는 창의성도 존재할 수 없다.

> "결과를 정해놓고 거기에 도달하지 못하면 전부 틀렸다고 하는 게 아니라 다양한 가능성을 인정하는 것이 독창적으로 생각할 수 있는 싹을 키우는 것입니다."

전문가들은 창의적인 결과를 가져오기 위해서 한계와 결과를 정해놓아서는 안 된다고 입을 모은다. 창의성은 어린 시절부터 싹트기 시작해, 실한 열매를 맺기 위한 단계별 교육 과정을 거쳐 자신만의 콘텐

창의적인 결과를 낳기 위해서 한계와 결과를 정해놓아서는 안 된다.
창의성은 어린 시절부터 싹트기 시작해 실한 열매를 맺기 위한 단계별 교육 과정을 거쳐 발현된다.

츠로 발현된다.

우리는 어떤 배움을 필요로 하는가

　미래 사회는 우리가 해오던 대로, 우리만의 잣대로 인재를 키울 수 없다. 미래에 살아갈 아이들은 우리보다 행복할 수 있도록 그 아이들만의 강점을 계발해주고 하고 싶은 일을 하며 살아갈 수 있는 환경을 마련해주는 노력, 또 그것에 대한 사회와 공동체의 절대적인 관심이 필요하다. 그리고 무엇보다 다양한 관점과 시선, 포용이 필요하다. 아이가 어떤 능력을 가지고 있는지 무엇에 관심이 있는지 그 역량을 찾아내는 것은 부모의 믿음에서부터 시작된다. 그리고 제도권 교육은 다양성을 존중하고 결과가 아닌 과정을 가르치는 교육이 되어야 한다. 교과서에 있는 수많은 공식, 수많은 발견, 수많은 이론 들은 결과물만 알려주고 있다. 과정을 직접 경험하게 해주는 교육, 결과물을 떨어뜨려 집어삼키는 교육이 아니라 과정을 직접 경험하게 해주어 스스로 느끼고 깨달아 자신만의 콘텐츠를 창출할 수 있도록 도와주어야 한다.

　"사람의 능력은 성장한다는 믿음을 갖고 주체적으로 도전적인 삶을 사는 이들이, 능력과 재능이 고정되어 있다고 믿는 고정형 사고방식을 지닌 이들에 비해 비슷한 조건에서 실제 과업을 수행할 때

창의성을 키우기 위해서는 학생들이 자기주도적으로 공부하고 문제해결을 하는 경험을 해보아야 한다.

훨씬 더 높은 성취를 이룬다는 점을 밝혀냈다."

스탠퍼드대의 심리학과 교수인 캐롤 드웩은 성장에 대한 스스로의 믿음이 성취도 측면에서 얼마나 효과적인지 이렇게 설명했다. 그렇다면 우리는 학생들에게 어떤 교육 메시지를 심어주어야 스스로 성장의 가능성을 믿게 될까? 우리가 만난 교육 전문가들은 배움의 주체를 학생에게 돌려주는 것이 가장 중요하다고 말했다.

"사람들의 가슴 안에 있는 호기심에 방아쇠를 당겨주는 것입니다. 호기심의 영역은 아시아, 유럽 등 인종을 초월합니다. 모든 사람들에게 학습의 주도권을 심어주고, 그들의 열정을 촉발시켜주는 것이죠. 인간의 마음은 학습과 연결돼 있습니다. 이것은 수백만 년의 진화를 거쳐온 것으로 문화적 차이보다 먼저 온 것입니다. 학생들에게 창의적일 수 있는 기회와 상호작용할 수 있는 기회, 그들의 학습 주도권을 가져갈 수 있는 기회를 제공하는 순간 우리 모두는 배움 앞에서 동등합니다."

─에릭 마주르

우리가 필요로 하는 바람직한 변화는 학생들이 스스로 배움을 이끌어나가게 하는 것이다. 학습의 주도권이 학생들을 평가하는 교수와 교사에 의해 설계되는 것이 아니라 학생들에 의해 설계되는 것이다. 일방적으로 내려오는 지식과 순위를 매기기 위한 평가가 아닌, 학생의 질적인 향상을 위한 평가와 배움이 이루어져야 한다.

인종과 성별에 관계없이 모든 인류는 배우고자 태어났다. 이 세계를 이해하고, 이 세계를 더욱 성장시킬 길을 찾는 데 인류의 의의가 있다. 교육은 이것을 가능하게 만든다. 그리고 사람들에게 그들이 될 수 있는 가장 최고의 존재가 되어, 그들이 가능한 최선의 역량을 발휘해 사회에 기여할 수 있게 만드는 것이 바로 지금 우리가 설계해야 할 교육의 미래다.

참고 문헌

강창동, 2007. 한국 대학입시제도의 사회사적 변천과 특징에 관한 연구: 시험형 인간으로 살아가기

신수진, 2002. 다시 입시를 생각한다-결국은 학벌사회다. 중등우리교육

윤현진 외, 2007. 미래 한국인의 핵심 역량 증진을 위한 초·중등학교 교육과정 비전 연구

이병련, 2012. 독일 김나지움 졸업시험 아비투어Abitur의 역사시험 문제, 역사와 담론, 62

이명희, 2012. 대학생의 핵심 역량 강화를 위한 독서 지도 과목 개발에 관한 연구

이혜정, 2011. 대학교육에서 대학생 중심의 교수 설계를 위한 최우수 학습자의 학습특성 및 학습전략 탐색

임언, 2006. 해외 동향: 기초능력의 국제비교. THE HRD REVIEW. 9권 1호

정원규, 2011. 교육의 본래 목적과 공정성의 입장에서 본 대학입시의 문제, 사회와 철학연구회, 사회와 철학 21

정근하, 2015. 공무원시험 장수생들의 사회적 연계단절에 관한 연구, 문화와 사회, 19

최필선, 2013. 수능성적이 초기 노동시장 성과에 미치는 효과

홍경원, 2012. 한국인 우울증 유전학 연구에 대한 고찰, 질병관리본부

홍승봉, 2011. '우리나라 청소년들의 수면건강 실태 및 일상생활에 미치는 영향 연구'

참고 도서

권재원 저, 2015.『그 많은 똑똑한 아이들은 어디로 갔을까?』

나렌드라 자다브 저, 강수정 역, 2007.『신도 버린 사람들』

대한민국 역사박물관, 2014.『과거를 묻고 현재를 풀다』

로버트 스턴버그 저, 배성민 역, 2012.『입시가 바뀌면 인재가 보인다』

스티브 제이 굴드 저, 김동광 역, 2003.『인간에 대한 오해』

시미즈 미츠루 저, 김경인·김형수 공역, 2014.『삶을 위한 학교』

이혜정 저, 2014.『서울대에서는 누가 A+를 받는가』

윌리엄 데레저위츠 저, 김선희 역, 2015.『공부의 배신』

제리 카플란 저, 신동숙 역, 2016.『인간은 필요없다』

토니 와그너 저, 고기탁 역, 2013.『이노베이터의 탄생』

하워드 가드너 저, 김동일 역, 2016.『지능이란 무엇인가』

EBS 교육대기획 〈시험〉에 참여한 전문가

- 권재원 (한국 중학교 교사, 교육사회학자)

- 나렌드라 자다브 (인도 전 중앙은행 수석 경제보좌관, 전 푸네대학교 총장)

- 나카무라 슈지 (일본 노벨 물리학상 수상자, 캘리포니아대학교 교수)

- 다이앤 라비치 (미국 전 미국 교육부 차관보, 뉴욕대학교 교육학 교수)

- 로버트 스턴버그 (미국 성공지능이론 창시자, 코넬대학교 인간생태학 교수)

- 박도순 (한국 수능 창시자, 전 고려대학교 교수)

- 안드레아스 슐라이허 (독일 PISA 창시자, OECD 교육국장)

- 앨런 랭어 (미국 하버드대학교 심리학과 교수)

- 에릭 마주르 (미국 하버드대학교 물리학과 교수)

- 이경숙 (한국 교육학 박사)

- 이수영 (미시간대학교 정보학과 교수)

- 이혜정 (한국 교육과 혁신 연구소 소장, 전 서울대학교 교수학습개발센터
  연구교수)

- 제임스 헤크먼 (미국 노벨 경제학상 수상자, 시카고대학교 경제학과 교수)

- 쩡팬란 (대만 BCT 개혁 책임자, 전 대만대학교 사회학과 교수)

- 창춘옌 (대만 대만대학교 교수, 교육공학자)

- 추차오후이 (중국 중앙교육과학연구소 선임연구원, 교육 개혁가)

- 카를 게바우어 (독일 교육학자)

- 크리스티앙 볼프강 (독일 교육 정책 입안자)

- 토니 와그너 (미국 하버드대학교 이노베이션 교수)

- 폴 마티아스 (프랑스 바칼로레아 철학 문제 출제 책임자)

EBS 교육대기획 〈시험〉을 만든 사람들

기획	정성욱
연출	이미솔 장후영 김성진 박정남
글·구성	정재홍
취재작가	조은수 전혜인 한소정 오유승
조연출	김동인 배우찬
촬영감독	강승우 김태봉 박은상 홍석훈 한병규 김영일
지미집	배영식 윤설영
촬영보조	이호영 서한빈 김지훈 정인호 박민우
VJ	배규상 권오정 김택수 박정대 서유민 송윤혁 한태홍 이주명
	오병준 이준철 송윤근 박승민 이중선
아트디렉터	황제연
리서처 및 통역	정재용
포스트 프로덕션	이성석
음악감독	최형원
효과 및 믹싱	강희중
기술감독	방현철 김종범
조명	장대수
세트	이희신
소품	이진호
분장	김경미
편집	기준서 정길형
인도코디	박효택 노영진
중국코디	김성천 김신주 이국현
프랑스코디	정기범 김숙현
독일코디	강주일 나오미박 김성곤
미국코디	설신일 장제훈
동시녹음	최정식
CG	양정우 이용찬
색보정	김정호 강한샘 박상준 김태진
문자그래픽	이민정 최범석 김지예 류희경 조유미 최기화
행정	박영수
홍보	박태규
차량	김진혁 양준호 이택면
내레이션	백지연 문지애 남궁연 황인용 윤주상

EBS 교육대기획

시험

©EBS 2016

1판 1쇄 2016년 8월 22일
1판 4쇄 2017년 12월 28일

기획 **EBS 미디어**
지은이 EBS 〈시험〉 제작팀

펴낸이 김정순
기획·책임편집 배경란
디자인 김수진
마케팅 김보미 임정진 전선경
본문구성 주영준

펴낸곳 (주)북하우스 퍼블리셔스
출판 등록 1997년 9월 23일 제406-2003-055호
주소 04043 서울시 마포구 양화로 12길 16-9 (서교동 북앤빌딩)
전자우편 editor@bookhouse.co.kr
홈페이지 www.bookhouse.co.kr
전화번호 02-3144-3123
팩스 02-3144-3121

ISBN 978-89-5605-770-5 13370

이 도서의 국립중앙도서관 출판시도서목록(CIP)은 e-CIP 홈페이지(http://www.nl.go.kr/ecip)와
국가자료공동목록시스템(http://www.nl.go.kr/kolisnet)에서 이용하실 수 있습니다.
(CIP제어번호 : 2016017671)